大野耐一の現場経営

大野耐一的现场管理

白金版

[日] 大野耐一 著
崔柳 等译
高志明 审校

图书在版编目（CIP）数据

大野耐一的现场管理（白金版）/（日）大野耐一著；崔柳等译．—北京：机械工业出版社，2016.10（2025.9 重印）
（精益思想丛书）

ISBN 978-7-111-54933-8

Ⅰ. 大… Ⅱ. ① 大… ② 崔… Ⅲ. 丰田汽车公司 - 工业企业管理 - 生产管理 - 经验 Ⅳ. F431.364

中国版本图书馆 CIP 数据核字（2016）第 226403 号

北京市版权局著作权合同登记　图字：01-2011-0351 号。

Taiichi Ohno. Workplace Management.
Copyright © 2001 by Taiichi Ohno.
Original Japanese edition published by JMA Management Center INC
Simplified Chinese Translation Copyright © 2016 by China Machine Press.

No part of this book may be reproduced or transmitted in any form or by any means, electronic or mechanical, including photocopying, recording or any information storage and retrieval system, without permission, in writing, from the Publisher.

All rights reserved.

本书中文简体字版由株式会社日本能率协会管理中心授权机械工业出版社在中国大陆地区（不包括香港、澳门特别行政区及台湾地区）独家出版发行。未经出版者书面许可，不得以任何方式抄袭、复制或节录本书中的任何部分。

大野耐一的现场管理（白金版）

出版发行：机械工业出版社（北京市西城区百万庄大街22号　邮政编码　100037）
责任编辑：冯小妹
责任校对：殷　虹
印　　刷：保定市中画美凯印刷有限公司
版　　次：2025年9月第1版第19次印刷
开　　本：147mm×210mm　1/32
印　　张：5.875
书　　号：ISBN 978-7-111-54933-8
定　　价：45.00元

客服电话：（010）88361066　68326294

版权所有·侵权必究
封底无防伪标均为盗版

推荐序

作为丰田生产方式的创始人，大野耐一先生被誉为"日本复活之父""穿着工装的圣贤"。他一生所著并不多，本书就是其经典代表作之一。本书语言质朴，没有华丽的辞藻，但生动形象的比喻随处可见。所谓"大道至简"，通过阅读不难体会到先生的良苦用心，他力求用最直接的表达和举例，让每位读者都能充分、准确地理解文中所提概念和名词。

战后初期的日本，无论是经济还是技术，都远远落后于欧美发达国家。但凭借着强烈的追赶意识和逐步完善的科学管理体系，日本仅仅用了20余年，便以制造大国的面貌重新矗立于世人面前。"日本制造"也逐步获得"高品质"的美誉。本书就是来源于那个崛起时代的"日本生产管理教父"的真知灼见。虽然本书成书于1982年，但是对今天正处于从制造大国向制造强国转型的中国制造，仍具有重要的借鉴和指导意义。

在我们主办的如"卓越制造长城奖""优秀工厂参观""精益下午茶""卓越制造巡回论坛"等一系列活动中,我们听到不少职业经理人和企业高管在推行精益生产管理中遇到的挑战与疑问。这些疑问其实大多都可以在大野先生的著作和语录里找到答案,那就是走进现场,发现问题,解决问题。只有做到了彻底的现场主义,才能掌握真正的TPS。

十分欣赏这本著作,如今有幸作为学术支持单位与华章公司合作,对大师传世之作进行重新审校,除了荣幸外,制慧网作为中国国内第一家也是唯一一家制造管理服务平台更觉责无旁贷。

以上草草,是为序。

方谊勇

于上海

译者序

"必要的产品,只在必要的时间,生产必要的数量",这是丰田生产方式的根本理念。不过,阅读本书之后会发现,还有另外一层意思就是应该尽可能地降低成本,因此,真正意义上的丰田生产方式应该总结为"必要的产品,只在必要的时间以最低的成本生产必要的数量"。

"成本最小化"是许多企业一直在思考并为之努力的课题。大野先生提出,控制成本只能依靠生产现场来实现,减少库存、降低成本,是为了让资金周转更加轻松,为了让其他部门的负担更轻。因此,生产现场的管理就变得尤为重要,这是企业生存的命脉。

今天的中国,恰逢全球经济飞速发展的大好时机,"全球制造业中心"是我国在 WTO 中的定位,生产管理技术以及生产管理人才在未来的几年中必将变得十分受欢迎。本书对有志于在制造行业中大显身手的年轻人来讲,的确不可多得。

宝剑锋从磨砺出，大野耐一先生自己也承认，如果不是处于丰田汽车公司濒临倒闭的困境之中，或者说如果没有当时日本经济不景气的社会背景，根本不可能产生所谓的丰田生产方式，更不可能在全球生产管理界独树一帜。

书中讲述了丰田汽车公司如何从全球汽车业的不景气以及日本汽车业落后于美国同行业水平10倍的困境中脱颖而出，迅速达到世界领先水平的全过程。这对目前处于同样境遇和机遇的中国企业有很高的参考价值。

现在，国内外企业都在进行生产管理改革，"丰田生产方式"很自然地成为一门"必修课"。可是，阅读本书之后会发现，现行的"丰田生产方式"与当时的"大野方式"在许多方面已经有所不同，现行的"丰田生产方式"被赋予了更多日本的文化以及民族精神的内涵，对中国的企业不能百分之百地适用。因此，本书的最大意义在于使中国的企业以及中国的生产管理者能够看到最原始、最朴实的"丰田生产方式"，取其精华，弃其糟粕，探索出适合我国国情的生产管理方法。

对我们普通人来讲，大野耐一先生最伟大之处也许并不在于创造了"丰田生产方式",而是他的"不拘泥于常识"的思维方式。正是因为他的逆向思维,才出现了著名的"看板方式""超级市场方式""限量经营方式"等;也正是因为他在公司上下推动的"意识革命",才使丰田汽车公司能够在短期内创造奇迹、实现飞跃,并奠定其全球工业领先地位的坚实基础。

最后,承蒙来自通用电气(中国)的田志欣、梁义,索尼爱立信的郭沛鑫以及大唐电信的郭威参与本书的翻译工作,在此深表谢意。

崔　柳

再版序言 | 大野耐一的现场管理

1990年，美国麻省理工学院（MIT）的詹姆斯·沃麦克（Jim Womack）等多位教授在《改变世界的机器》一书中，首次以"精益生产"（lean production）为核心介绍丰田生产方式。自此，欧美的一些企业才开始把丰田生产方式作为全球化以及提高生产率的标准和尺度。

然而，1999年9月，哈佛商学院的肯特·鲍恩（H. Kent Bowen）教授则指出，"选择采用丰田生产方式的欧美企业，未必都能够成功，原因在于丰田汽车公司具有其独特的DNA，并不是其他企业能够轻易效仿的"。㊀

肯特·鲍恩教授多年来一直致力于丰田生产方式的研究，曾多次来到日本，直接考察丰田汽车公司的生产现场，并与我以及大野门下的其他公司成员面谈，由此才得出了上面的结论。

㊀ 肯特·鲍恩系哈佛商学院经营管理学教授，在1994年9~10月的《哈佛商业评论》中，与另外四位教授共同执笔，发表了题为《夺回制造业的主导权》的研究报告。

所谓丰田生产方式的 DNA，我想应该是日本自古以来形成的文化、生活方式、制造业的传统以及农耕民族的特性等。不过，若是没有大野先生对这些制造传统以及思想观念的变革，恐怕也很难形成今天丰田生产方式的 DNA 吧。

丰田生产方式的经营思想源于两大支柱，分别是"自働化"㊀以及"准时化生产"（just in time）。

第二次世界大战结束后，丰田汽车公司从倒闭的危机中渐渐复苏时，为了能够与欧美的汽车公司并驾齐驱，大野先生在丰田英二先生的鼓励下，提出了"把必要的产品、必要的数量，在必要的时间以最低成本生产出来"的经营理念。

特别是在提高生产率方面，凭借以上述两大理念为核心的经营思想，大野先生以其独特的洞察力、明确的目的意识、决不妥协的坚定信念以及非凡的执行力，创造了让我们受用至今的丰田生产方式。对于他通过努力所取得的伟大成就，我十分敬佩。

㊀ 在日语中，中文的"动"对应两个字，"働"和"動"，二者在精益生产中的理念差别很大，丰田思想中所强调的是前者，为了体现丰田的思想精髓，我们仍在此采用日文汉字"働"。——译者注

本书采用大野先生语录的形式，能够让我们更加接近他的思想，更加深刻地理解"DNA论"。前事不忘，后事之师，我们是肩负21世纪"制造业"重任的一代，这种娓娓道来的口语表现方式能够让我们身临其境，如获至宝，时刻牢记前人的重要训诫。

作为继承大野耐一先生教诲的人们萦绕着这样的观念：每个人都要坚持每天改善的理念，把现场的问题暴露出来，寻找问题的真正原因，并要解决这些问题。在这样的组织文化氛围中培育人才，进一步发展这样的基因。所谓改善之魂，唯有如是而已，别无他途。

大野耐一先生有一句名言："明知这样去做会更好，就必须坚持去做，这就是'改善之魂'。"这也是大野思想的集中表现。各位读者若能够精读本书，必将获益匪浅。

丰田汽车株式会社　副社长
池渊浩介
2001年5月

初版序言

1945年2月，我有幸加入丰田汽车公司，直接接触汽车制造工作，至今已有37年的时间。

回顾当时的情景，感觉汽车制造的发展恍若隔世。即使是一直工作在生产第一线的我，应该觉得一切都理所当然，可有时也还会感到这是个奇迹。

然而，展望今后的10年或者20年，应该仍然是以超乎想象的速度发展着，我们没有感伤的时间。过去的已经过去，不断地超越现在才是最重要的，至于改善前与改善后的对比，我认为没有太大的意义。

社会上称我为"丰田生产方式"的鼻祖，或是"看板方式"的创始人等。的确，开始时我是尝试着使用被称为"大野方式"的革新方法，虽然有试行阶段的错误，但有幸被一直沿用下来。不过，能够形成今天的"丰田生产方式"，与丰田英二会长和已故的齐藤尚一顾问的勉励，以及那些边忍受着我的牢骚边咬紧牙关帮助我的、工作在生产一线的众多人的努力是分不开的。

可以用一句话来形容丰田生产方式,那就是"把必要的产品、必要的数量,在必要的时间生产出来"。乍一看可能觉得这理所当然,但是由于一些约定俗成的习惯、做法的局限以及想法与行动的不一致等原因,现实中要做到这点往往很难。

本书在1982年的春季,竟意外地被授予了"勋三等旭日中绶章"㊀。再加之我在丰田30年来经历的由原"丰田汽车工业公司"及"丰田汽车销售公司"合并成为"丰田汽车公司"的经验,希望本书能够为世人提供一些帮助。书中难免有文不达意的内容,但若是能够帮助读者打破沉积已久的错觉,收获一些启示,我将感到万分荣幸。

本书在以社团法人日本能率协会十时昌会长为代表的、众多相关人员的帮助下得以完成,在此深表感谢。

大野耐一
1982年9月

㊀ "旭日中绶章"是一项由日本政府对所创业绩卓著,对社会有重大贡献的人颁发的勋章,代表着至高无上的荣誉。——译者注

目 录

推荐序
译者序
再版序言
初版序言

第1章 君子豹变 // 1

第2章 出现错误,坦诚承认 // 6

第3章 错觉降低效率 // 10

第4章 失败要以眼见为实 // 16

第5章 潜藏在常识中的错觉 // 20

第6章 数学计算的误区 // 24

第7章 不要害怕损失机会 // 30

第8章 限量经营即低成本生产 // 34

第9章 库存减少,半成品反增 // 37

第10章　量产就是低成本的错觉 // 43

第11章　无效率的动作不是工作 // 48

第12章　农耕民族更偏好库存 // 54

第13章　减产也可以提高生产率 // 58

第14章　景气时也应该考虑合理化 // 64

第15章　准时化生产 // 67

第16章　丰田佐吉翁的"自働化"思想 // 71

第17章　以提高10倍以上的生产率为目标 // 75

第18章　超级市场方式 // 80

第19章　丰田独创的"看板方式" // 84

第20章　从巴西工厂学来的换模锻造方法 // 90

第21章　合乎道理才能称为"合理化" // 96

第22章　机器应该能够随时被停止 // 100

第23章　怎样以低成本生产 // 104

第24章　不引进时下流行的机器人设备 // 109

第25章　工作就是和下属比智慧 // 114

第26章　没有主管的事务现场 // 117

第27章　合理化要不断地进行 // 121

第28章　困境激发智慧 // 124

第29章　成为值得信赖的"亲人" // 127

第30章　整理·整顿·清扫·清洁·教养 // 131

第31章　改善应该按顺序进行 // 136

第32章　可动率与稼动率 // 145

第33章　生产技术与制造技术的差异 // 150

第34章　成本计算的陷阱 // 154

第35章　"豆沙馅饼"方式 // 157

第36章　降低成本唯有依靠生产现场 // 162

第37章　应以最短时间为标准时间 // 168

第 1 章

君 子 豹 变

让我以"现场管理"为题目,说实话,我对自己能否有条理地表述清楚,真的没有什么把握,那就先试着按凌乱的思路写写相关的内容吧。

我从来不认为生产现场能够轻易地、迅速地运转起来。虽然说立即动起来并不是件难事,但是在生产现场却不容易实现。我认为立即运转必须以说服现场所有人员、得到他们的理解为前提。

要想说服别人或是得到理解,若没有什么根据或道理是行不通的。在许多场合都有人问过我,到底是怎样具有说服力的,其实直到现在,我在发出指示或者指令时,也并不十分自信。按照人类正常的思维方式,说出来的话有一半左右的正确性就应该是非常理想了吧。

古时有谚语说道:"贼有三分理。"即使是贼,也能说出三分左右正确的话,那么,普通人应该有大约一半的言行是正确的吧，这当然是以另外一半有可能是错误的为前提。

我在读旧制中学①的时候，曾经开设汉语课，学习过孔子的《论语》。其中，孔子说过"君子豹变"②"过则勿惮改"③等名言。能够称得上君子的人，应该相当了不起，他们的话应该至少有五分以上的正确性。即使这样的人，也担心自己有三四分的错误，于是心平气和地说出了上面的名言。知道自己说错话之后，应该像《论语》中提到的"过则勿惮改"或是"君子豹变"，这不恰恰说明了君子的话也非句句箴言吗？十句话之中，贼也能说出三句正确的。普通人可能是五句正确，五句错误。即使是君子，恐怕也只有七句正确，另外三句左右错误。意识到错，改正就好了，或者像豹子那样鲜明、迅速地转变。对于说出来的话，如果不加任何推敲解释，就认为全部是正确

---

① 过去日本的中学只招收男学生，为了与现行的新教育体制下的学校区分，称其为旧制中学。——译者注

② 语出《易经》非《论语》。原文："'君子豹变'，其文蔚也；'小人革面'，顺以从君也。"意思是：君子能够像豹子一样迅速地改变自我，适应环境。——译者注

③ 语出《论语·学而》，意思是：（君子）犯了过错，就不要害怕改正。——译者注

的，那么这些话迟早会变得毫无价值。

另外，还有"朝令夕改"一词。清晨发出的命令或指令，到傍晚就改变了。在儿时模糊的记忆中，似乎老师教我们不要这样做。但是，若是在"君子豹变"或是"过则勿惮改"的前提下考虑，这种"朝令夕改"又有什么不可以被接受的呢？

在"朝令夕改"中，如果清晨说了似是而非、没有把握的话，在没有预见结果之前就一意孤行地改变了，确实有些遗憾；不过，若仍然是同一个即将发出或已经发出的命令，如果能够预见到结果，或是根据环境的变化已经意识到决定是错误的，那么等到傍晚再改不是更为遗憾吗？"朝令昼改"难道不可行吗？需要白天中改变的事，就有必要把它做完。从这个角度出发，我想到了似乎仍然存在着一些国家，它们对于曾经制定的法令、法律，无论发生什么状况都不加以改变。经常可以听到"什么？那项法律还在使用吗"之类的抱怨。

与朝令夕改相反，对于一遍就制定出来的法律，不论好坏，数年都毫无变化的国家在世界上也许并不占少数，我身边的情况也类似，由此产生了"胳膊拗不过大腿"的说法，在我们公司中不也是这样吗？

特别是那些技术工程师们，很容易局限在自己的言行或是想法之中。虽说技术工程师们一般都被认为思想僵化、固执，可是若想成为君子，"豹变"或者说迅速变化是非常重要的。不要总是认为自己的言行没有错误，意识到错之后就应该爽快地说出来。如果有了这种胸怀，指挥现场以及下属不就变得轻而易举了吗？话说回来，不管怎样的人总是会犯错误的。因此，犯了错误之后，应该不吝于向他人甚至自己的下属道歉，怀着这样坦诚的态度，怎么会没有说服力呢？

若是因为害怕对方，或者不通情理，而造成明知道错了还想一味拗下去的局面，那么永远也意识不到事情的严重，随着时间的流逝，迟早会产生坏的影响。这样的人若是到出了问题时仍然觉得改正很困难，不愿收回成命，那么他一定会渐渐地失去他人的信任。

同为普通人，都可能出现一半以上的错误，自己的下属也有可能说错话，但他们的话也可能有一半是正确的。如果管理者能够首先从自身做起，怀着这样的心态，我想下属们应该也会渐渐地转向正确的一边吧。

上述分析得到的结果就是，为了形成强劲的说服力，重要条件之一就是管理者自身应该怀着谦虚的胸襟。

第2章 | 大野耐一的现场管理

出现错误，坦诚承认

人为什么总是会出现一半左右的错误呢？这点我可以充满自信地解释清楚，原因在于我们基本的思维方式中就存在着许多问题。

在日语里有"错觉"一词，在种种错觉之中，所谓的视觉错误，也就是被眼睛欺骗的那种错误，往往很容易让人信以为真。

如图 2-1 所示，长度相同的两条线，如果把它们摆成倒 T 形，无论是谁，都会认为直立的一条比较长，横放的一条比较短。这是解释错觉时经常使用的一个较为初级的例子，如果你真的认为直立的一条更长，那么就是错觉了。

但是，看起来就是直立的那条更长，谁也没有办法。在这种情况下，我们只有把倒 T 形拆开、放平，才会相信长度果然是相同的。因此，虽然看起来长，但实际上并不长，这就是视觉错误，这不难解释，对方也易于理解。

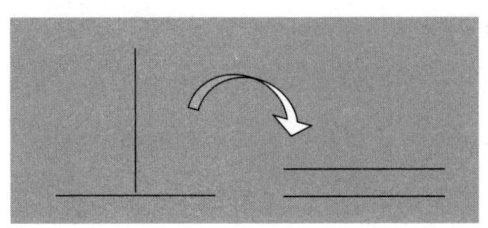

图 2-1

那么，在无论谁看都是有一条更长的情况下，那条就一定更长吗？这类只用眼睛看并不能够解决的问题，必须把它们摆放在一起进行比较之后才能得出结论。

在这个世界上，不尝试着做就不能够弄明白的事情非常多。很多时候都是尝试做了之后才发现结果出乎意料，事实恰恰相反，这种情况屡见不鲜。原来是所谓的"错觉"无数次地蒙骗了我们。对于被眼睛所欺骗的视觉错误，只要尝试着做一下就很容易理解，很容易被对方迅速地接受；可是，对于头脑中固有的错觉，也就是已经在人们头脑中形成的那些并非正确的思维方式，就很难辨别孰是孰非了。因此，即使某个人口中说着"我认为这样很好"，实际上也有可能是他的错觉。面对这种情况，如果能够让他尝试着做一做，很有可能他自己就会发现原来的想法与事实背道而驰。

因此，人们在存有错觉的基础上所发出的指示、指令或者命令，只能说有一半左右的正确性，另外一半极有可能是错误的。恐怕早在几千年前，孔子老先生就看透了这点，于是说出了"过则勿惮改"的名言。

然而，由于视觉错误的存在而认为图 2-1 中直立一条更长的那些人，与在思维方式中存在错觉的那些人还不能一概而论。后者更加需要实践的证明。实践过后，亲眼见到了结果，才会意识到"原来如此，真的是我错了"。为了让那些生产一线的作业员也能意识到错觉这个问题的存在，应该经常让他们做各种尝试。

在证实给别人看的时候，即使是发出命令的人自己亲眼见到了正确的结果，也会意识到原来是错觉在作怪，真的是自己搞错了。在这些情况下，如果我们都能够采用试着做给其他人看的方法，那么渐渐地，生产现场的人即使是上司，发生错误之后也会坦诚地向大家道歉。如果生产现场的所有人都能够感觉到上司这种出现错误，坦诚承认的态度，那么当他们头脑中有不一致的意见时，就自然会想到尝试着做，积极地配合。

若是真的发现了上司的错误，下属就可以理直气壮地说："怎么样，你看！"这其实也是一种自我鼓励。在尝试着做过的 10 件事中，若是有 5 件左右都正确了，那么双方合作的氛围就一定会越来越好。

对于那些总是局限在上司的话里，认为无论对与错只要照做就好的人，迟早会听不进任何命令。其实在说服力这个问题上，无论是发出命令的一方还是执行命令的一方，同样都是普通人，都只有一半左右的正确把握。在工作中，若是其中一方能够怀着"怎么样，你看"的态度，对方的态度也必定会慢慢变好。在这样的过程中渐渐地走向合作，难道不是很好吗？这样也会有利于形成真正的说服力。

如果人们不会产生错觉，那么就没有必要讨论说服力了。如果错觉存在于头脑中固有的想法时，往往不太容易改变。现实生活中，随着知识越来越丰富，似乎产生错觉的可能性反而越大。

第3章 | 大野耐一的现场管理

错觉降低效率

如果是在生产现场,更应该像前面提到的,立即尝试着做做。例如,在生产现场经常可以看到作业员们把许多零件集中在一起做,他们认为这样比较快。如果你对他说"请一个一个做",对方肯定会反驳说这种做法会降低效率。因为他们认为连续地、大量地做同一件工作,才会做得更快,才会提高效率,也就是我们常说的"生产率提高"㊀。

我曾经观察过一个质检女作业员的工作方法,她在检查时就把许多零件排成一排。我一再对她说:"为什么不一个一个地检查,检查完再一个一个地放入箱子里呢?这样不是更轻松、效率更高吗?"她总是回答:"不,这种方法更快。"这时,我只能说:"你的方法可以,不过请试着按照我的方法,一个一个地检

㊀ 原文中,日文直译为"生产性向上",意同生产率提高。——译者注

查看看。"虽然她可能会觉得我的提议很无聊，不过碍于情面，还是照做了。尝试了一天的结果是，按照她原来的方法，如果规定一天完成5000个零件，必须要加班；若是一个一个地检查，每个花费20秒，那么下班之前就能够完成。可能是由于我提出来的方法很轻松，而原来的做法则看起来很有成就感，因此不容易令人信服。

  另外一个原因是之前的做法显得比较忙碌。先把零件拿出来，从中挑选二三十个，将它们整齐地摆放好，再一一检查，这样给人的感觉就是做了许多的工作，同时也会误认为速度比较快。可是，如果让她按照我说的方法一个一个进行时，她会说："什么？这不是把工作当游戏吗？"这样工作算不算游戏不重要，重要的是能够在下班前按时完成任务。如果对方提出"不加班，我的收入会减少的"，那么我就无话可说了……但我还是想强调，一个一个地做，非常悠闲，不会感觉到累，而且与加班得到的工作数量相同。只要尝试着做一下就可以证实，还是我说的方法更加简单。可是，这样简单的方法在生产现场无法实行却是不争的事实。

这是第二次世界大战后"丰田汽车制造公司"时期的一个案例，距今已经非常久远。有一项在零件上钻孔的工作，作业员只是一味地想着钻孔，不考虑别的。由于公司规定每天的工作量是钻80个孔，于是很多新作业员就选择手动方式作业。这是什么原因呢？只要打开自动模式，机器就可以自动完成钻孔工作，但是他们为什么认为手动作业更有效率呢？观察之后我发现，如果选择自动模式，即使钻头变钝了，机器仍然继续运转，这会导致钻头折断或是影响钻孔的尺寸；而手动作业就可以掌控钻头的状况，所以作业员们觉得这样做效率更高。我问过一线作业的作业员："钻一个孔需要花费多长时间？"他们告诉我："30秒就够了。""那么，如果30秒钻一个孔，一分钟不就可以钻两个了吗？"听我这么一问，对方只是含糊地说："这个嘛……"我继续问："如果照这种算法，一个小时可以钻120个孔吧？"对方就不再说话了。这是因为，当时这项工作每天作业7个小时，作业员们都自认为在拼命地工作，可结果是7小时的时间里只钻了80个孔。他们的劳动完全依靠手工，一天毫不间断地拼命工作，也只能勉强完成80个。

因此当我说道，如果按一个小时算，"60分钟可以钻120个孔"时，他们就不说话了。作业员们7个小时只能完成80个，被我这么一问，自然就无法应对了。因为这就意味着："为什么你7个小时才完成80个？按你所说的30秒一个，钻80个孔应该只需要40分钟呀！那么你岂不是每天只工作了40分钟吗？"

"我每天都在拼命努力地工作，你还在一边发牢骚！""虽然你每天汗流浃背，看起来很辛苦忙碌，可实际上只不过完成了80个。既然来上班，每天起码也要工作1个小时吧！"被我这么一说，对方只可能是嗤之以鼻。

依靠手工，以自己最快的速度操作，感觉上似乎进行得很快。使用机器的自动模式，钻一个孔需要40秒，而手动作业只需要30秒，因此大家认为手动作业的效率更高。可是仔细想想就会发现，如果手动钻孔，大约完成3个，钻头就会发热、变钝，需要更换。然后，就要拿到放砂轮机的地方去打磨钻头，回来之后再钻3个孔，钻头又会变热磨损，需要再次打磨，这都是作业员们眼中的工作。因此他们认为自己非常努力，而且认为 30 秒可以完成一个孔。不断地重复上述工作，他们就产生了一种效率很高的错觉。

可是，如果使用机器的自动模式完成每天 80 个孔的工作量，平均 5 ~ 10 分钟钻一个孔即可。因而，40 秒被认为是最合适的切削速度。花费 40 秒钻一个孔，然后，用 4 分 20 秒的时间来冷却钻头，再进行第二个孔的时候，钻头温度已经恢复正常。等到钻头再次发热时，再次在空气中放置 4 分钟，或者在这 4 分钟里放入冷却油中冷却，这样一来，一个打磨好的钻头可以保证完成 30 ~ 50 个钻孔的作业。

当时，砂轮机不能保证人手一台，而且，由于大家都采用同样的方法工作，因此砂轮机前经常会有五六个作业员排队等待。另外，车床也因为追求速度而使用过度，导致刀刃变钝，同样需要进行打磨。虽说钻孔的时间只需要 30 秒，但是如果算上打磨钻头时需要等待的时间，那么往返至少需要 10 分钟。若是钻头在打磨之后仍然不符合要求，又需要重新排队，结果，钻 1 个孔的时间就可能变成了 20 分钟。

除此之外还有一个问题，由于从前钻孔机的台面较小，这就需要一次性从箱子里拿出 10 ~ 15 个零件放到台面上，把它们按照机器上的固定顺序摆好，等全部加工完毕之后才能放回箱子里，然后再拿出10～20个待加工的零件，放在钻孔机的台面上。这些步骤作业员们理所当然地认为也是工作，可事实却是降低效率的操作。因此我自负地认为，虽然表面上看起来手工只需要30秒，机器自动模式需要40秒，但是若考虑到打磨钻头的时间，实际上是自动操作5分钟完成一个孔，每天打磨一次钻头，而手工操作却需要每钻3个孔就打磨一次钻头。结果造成虽然作业员们汗如雨下，并自认为技术很好，可效率却很低的状况。在生产现场随处都可以看见这种无效率的操作。

第 4 章 | 大野耐一的现场管理

失败要以眼见为实

即使像前面所说的，人们能够试着看看结果，可那也只是在生产现场比较容易实现，容易使对方被说服；如果换到生产现场之外，大多数情况就很难去证明，结果，双方仍旧认为自己的想法是最正确的。换句话说，可能管理者之间以及下属对上司管理者和监督者的说服是最困难的吧。㊀

例如，一个系长若想说服现场主管的组长，就会感到十分困难。即使得到了组长的理解，生产现场的作业员们也并不一定会按照他说的方法做。即使是他们接到了命令，也赞同有几分道理，但是因错觉的存在，仍然会在头脑中产生疑问，到底孰是孰非呢？结果就会陷入无休止的争论之中，而现场却仍然按照原

㊀ 管理者与监督者在企业的组织框架中是有一定区别的，代表资方的一般是科长以上的管理者，不代表资方的科长以下的干部称为监督者，即主管。主管又分为一线主管（班组长）与二线主管（系长与职长等）。——审校者注

有的方式生产着，生产效率无法提高。因此，我认为无论如何需要验证一下结果。在产生两种意见的情况下，各给双方一个工作日的时间，让他们按照自己的意见试着做一做，最后比较结果，直到让大家彻底理解、赞同为止。夸张地说，就是需要将执着的信念坚持到底。

对于说出来的话，并不需要顽固地毫不改变，在说出来的话或者头脑中的想法里面，一定有正确的部分。并且，即使产生了错觉也可能不是坏事，按照错觉那样做，失败也就失败了，最重要的是养成了"失败要以眼见为实"的好习惯。

大多数管理者只是询问一下结果，如果他们觉得这样做行不通，就会像父母对待不听话的孩子一样不屑一顾，结果只能导致失败。他们觉得能够成功的时候也是一样，只是用耳朵听一下就同意了，其他的什么都不管。若是能够自己亲眼证实一下，然后再说同意，并表示"啊，这点我怎么没想到"，那样不是有助于更好地展开工作吗？

我认为如果只是一味地研究钻头、车床，或者说一味地研究某种特定的技术，不可能提高整体的工作效率，因此，应该采取"集中研磨"㊀的方式。不过，当我说出"集中研磨"这个词的时候，有经验的人一定会说："不行，那是战争时期的做法，已经有过失败的教训，因此才改成现今这样，不能再重蹈覆辙了。"但是，我并没有见到过战争时期的失败，于是我说只有让我亲眼见到这种失败，我才能够彻底地弄明白，我才能够真正地认同现行的工作方法。

我认为，之所以失败，一定是有其不可行的因素。那些所谓的失败发生在供应军需品的非常时期，技术人员们在军队的命令下进行"集中研磨"，必然很不情愿，因此结果注定失败。可是这次是出于我的提议，成功失败都无所谓，因此，技术人员们没有压力，结果却成功了，任何失败的迹象都没有。

在"集中研磨"的过程中，专家们提出了一些我不是很熟悉的细节问题，比如打磨方法应该根据材料的特质有所差别，如果铸造某种金属，应该在第二次更换铸造条件，如果铸造的材料是铁应该怎样做，等等。其实他们说的这些细节问题我不是十分关心，也

㊀ 集中研磨，即将各道工序的专家组织在一起，针对同一项工作（一般是新项目）进行集中的研究和样品生产。——译者注

不会影响到"集中研磨"的进展。我们需要做的是在工作开始前，让所有参与"集中研磨"的技术人员都了解这项工作的目的，例如这把军刀要用来做什么。至于他们使用什么机器来制造、使用什么材料来打磨以及以怎样的角度去切割，这些只需要确定一个标准，然后大家统一使用这个标准去工作即可。相反，如果要求好几百个作业员都必须成为研磨专家，那么结果必然是无效率的。

因此，在项目已经失败或者即将失败的时候，如果能够从最基本的工序来仔细地逐一检查，我认为一定可以阻止失败的再次发生，也必然会将生产效率提高许多倍。而且，作业员自身拥有固有技术或特殊技能是最好，即使没有这些技术的人，也可以很好地完成工作，生产出高质量的产品。

这是战后时期的老故事，现在应该没有公司再会出现这种问题。大家都是普通人，都可能产生错觉，在这个前提下，我感觉到人与人之间的相互合作和理解就可能会形成一股巨大的力量。而这正是需要我们花费更大的精力去经营的。

第 5 章 | 大野耐一的现场管理

潜藏在常识中的错觉

这种错觉乍一看很容易被认为是常识，因而往往引得人们为其争论不休，直到面红耳赤，也丝毫不会推进事情的进展。因此，我一再呼吁大家要从常识中跳出来思考问题，曾经有段时间，人们把我的这种观点称为"不拘泥于常识"㊀。我认为的确有些错觉是潜藏在常识之中的，于是才能够让人们将它当成一般的常识来做，就像是大多数人都会认为经过长年积累下来的工作经验来看，一定是有利的居多、不利的很少吧。但是，对此我要保留一种意见，我认为在巨大有利面的背后，一定会有不利的一面张着血盆大口等着你呢。由于人们害怕不利因素，因此希望不利越少越好。我们必须要打破这种在没有什么大的有利的事情中，不利因素越少越好的错觉。于是我保留意见，认

㊀ 原文中日文直译为"脱常识"，即从常识中解脱出来，超脱出来，不拘泥于常识的意思。——译者注

为在巨大有利面的背后，一定隐藏着不利的一面。按照这个逻辑，我们必须转变自己的思维方式，设法阻止不利情况的发生，只留下巨大的利益，这就是被称为"不拘泥于常识"的观念。从潜藏在常识中的错觉里跳出来，哪怕只是一小步，也需要很大的勇气啊。

　　从上层管理者到中层管理者甚至工作在生产一线的作业员们，由于大家都是普通人，所以都有可能被禁锢在错觉之中，认为现行的做法是最科学的；或者说即使不认为是最好的，也觉得别无选择，这就是被常识化了的做法。另外，最近在大多数的企业中都成立了"工会"，工会也是由普通人构成的，当然也会产生错觉。尽管希望有所作为，可是难免有意见分歧，使工作无法顺利开展。因此，我认为这首先应该进行一种"意识革命"。如果不改变人们的思维模式，工作仍然只能停留在现有的水平。若是不改变从管理顶层到一线作业员以及工会的意识、观念和想法，那么怎么可能探索出做好工作的新方法呢？组织上的改革或许相对容易，但是"意识革命"应该会更加困难一些吧。

　　到最后，还是"意识革命"成了首要的问题。若是因为没有彻底地进行"意识革命"而继续沿用现行的工作方法，虽然生产效率提高了10%或20%，那不是仍然令人非常遗憾吗？

正如前面提到的，在生产现场，作业员们认为量产要比一个一个地做效率高得多，而且成本更低，因此一直不愿意改变。特别是在核算生产成本时，只要有会计师们的介入，不管怎么计算，似乎都是需要增加成本。可是，如果仔细想想，原来是出现了"生产1000个一定不如生产10 000个成本低"的错觉。这种错觉，源于数学计算，如果不给出详细的解释，自始至终也不会意识到其根本问题所在。

有人曾经这样问我："大野先生，听说您在很短的时间里就实现了生产效率的提高，从前需要花费两个小时或者一个半小时的工作，现在10分钟之内就可以完成了。那么为什么您不继续改革，将现在10分钟完成1万个变成2万个呢？那样效率不是更高了吗？"

我只能说，这仅仅是数学计算。现在花费一个小时完成的工作量，回到过去至少需要两个小时。或者说我们界定10分钟的时间，如果生产更多的数量不是成本更低吗？不是效率更高吗？也可能有人会问，好不容易才缩短到了 10 分钟的时间，如果批量减小，利润不也就大打折扣了吗？这又是一个思想上的误区，也是上面问题的答案，此时，我只能回答说："在数学计算上，确实如此。"

第6章 大野耐一的现场管理

数学计算的误区

销售数量到底应该定在多少才能最大限度地降低成本呢？这当然可以通过精确地计算得出，可是，只是单纯地进行数学计算，这不正是许多会计师们头脑中固有的很严重的错觉吗？

我认为"只生产能够卖出的数量"就可以了。这句话曾经盛极一时，但只要经过仔细计算，就不难发现，在单位时间内生产10个产品实际上要比生产20个成本更低。

这点似乎很难被理解，但是如果换成数学公式，用公式来证明上面的结论，可能会稍微容易一些。只要公式是成立的，通过它们计算得出确实是前者成本更低，这样能够理解的人就会更多了。

$$销售价格 - 成本价格 = 利润 \quad (1)$$

$$利润 = 销售价格 - 成本价格 \quad (2)$$

$$销售价格 = 成本价格 + 利润 \quad (3)$$

上面三个公式，所有人都能够看得出它们的含义不尽相同，会计师们应该也不例外吧？

首先看式（1），它表示销售价格应该定在多少。意思是销售价格定为多少，才能够在销售价格减掉成本价格后仍然有利可图。

关于式（2），它表示利润等于从销售价格中减去成本价格，这仅仅是对式（1）的变形，从数学角度来看没有差别。

接着我们看式（3），式（3）中稍微产生了一些变化，表示销售价格等于成本价格与利润之和。

写到这里，或许还是有人会问这三个公式有什么区别。难道它们含义不一样吗？事实上，它们的含义大相径庭，也许只有一些"天才"才能够理解吧。

如式（1）中表示的，此销售价格是指在存在竞争对手的条件下，或者说有同业竞争的条件下，销售价格应该由第三方即顾客来决定，实际上利润也是由顾客决定的。也就是说，如果实际上生产成本是 80 日元，销售价格是 100 日元，那么利润就是 20 日元。

在式（2）中，我们期望的是产品生产出来之后，无论如何要得到 20 日元的利润，结果就变成了只有得到 20 日元的利润才是生产的目的。为了这个数字，本来可以以 100 日元销售出去的产品，为了得到 20 日元的利润，不惜在车体上加入金线来卖到 120 日元。这样一来，利润确实实现了 20 日元，可是生产成本却增加到了 100 日元，生产就变成了一件非常随意的事情。

接下来是式（3），如果从数学计算的角度来看，与前两者完全一致。式（3）只是对式（1）进行了变形，将等号左边的减项移到了等号右边，变成了加项，即利润和成本价格之和等于销售价格，但是意思却与式（1）截然相反。仍然拿成本价格是 100 日元来举例，为了得到 20 日元的利润（这个数字可能是一个合适的利润值），必须要以 120 日元的价格出售。如果售价达不到 120 日元，那么就没有利润可言。因此，我们可以假设这个售价是合理的，但是，顾客的反应可能是："花 120 日元买这种东西不是傻瓜吗？""这种东西到其他厂家买，100 日元就足够了！"等等。如果按照式（3）来计算顾客的这种反应，不是很显然无利可图吗？

这些公式中所指的生产成本，如果按照我的理解，目的应该在于如何降低，而不是怎样计算。在式（3）中，生产成本需要通过计算得出准确的数字。可是，如果这个数字与政府公布的不同，就会得不到顾客的理解，也就是说在花费 100 日元进行生产之后，为了得到 20 日元利润而不得不售价 120 日元，式（3）只能解释这一点。

中间的式（2）是最差的一种方法。等号的一边是利润，另一边是销售价格和生产成本，无论生产成本多么低，也不如通过增加附加价值、生产高级产品提高利润来得快。为了获利，就应该走高端产品路线。生产附加价值高的产品是最优选择，这不正是许多经济学家的观点吗？

最后看式（1），还是如何决定销售价格。在这个公式中，不管怎么样，制造商们都必须要降低生产成本，只有降低生产成本才能产生利润。结果，现在需要花费 80 日元生产的东西今后可能只需要 50 日元，可是售价仍然是 100 日元，因此产生了 50 日元的利润。这正是我们需要努力的方向，为了产生更多的利润，必须对许多工序进行改进，我非常赞同式（1）的思路。不过，如果你去问数学教师，他一定会说这两个公式没有差别，这样的话就没有什么可谈的了。

在1974年或者1975年的时候，一次会议上曾经某位经济学家问我："大野先生，您为什么不停产现在的经济型轿车，不再与走同样路线的美国汽车公司竞争，而把目标转向那些高级汽车，比如说有10倍附加价值的豪华轿车？即使生产数量降低10倍，您还是有许多盈利呀。"所谓的经济学家，我认为他们中大多数人考虑的都只是理想状态。事实上，他们不认同销售价格由第三方来决定，所以会得出与生产许多廉价的产品相比，生产少量的高端产品利润更高的结论。这不正是式（2）的表述吗？其实无论哪个公式，或者说同一个公式的不同写法，都会产生不同的思维方式。

我认为我们大家，特别是与IE相关的人还是应该按照式（1）的方法思考问题，考虑如何去降低生产成本。生产成本不是用于计算，而是需要想办法去降低。因此，在做了很多努力之后，能否真正地降低生产成本，这才是关键所在。

在丰田汽车公司中也是如此，我们致力于减少工序。可是，仍然有许多人会产生减少人工[一]就一定会降低生产成本的错觉。比如在设备投资方面，这种错觉就很常见，我对此也感到非常苦恼，因为在这个问题上要想说服对方真的十分困难。

[一] 此处原文为"工数"，工数是作业量的表示概念，是计算人工的一个系数，即"工数（人工）＝时间 × 人员数量"。——审校者注

第 7 章 | 大野耐一
　　　　| 的现场管理

不要害怕损失机会

在新款车型即将面世之际，负责安排生产设备的人总是会要求会计师们核算大体的销售量。如果月销售量为 3 万台，那么计算起来应该很方便，尤其是再加上计算机技术的应用，速度应该更快。负责安排生产设备的人会根据计算的数据来确定投资，预计利润。因此，他们经常会振振有词地说，如果不能够准确地预计销售量，就无法进行生产设备的投资。

新产品能够销售多少数量谁也不知道，可是很多人认为可以通过需求预测得到一个大体的数字。如果真能做到那么准确，我们还不如去赛马场买马券赚得更多更快。我们可以将需求预测与天气预报比较一下，天气预报自日本明治时期以来就已经相当科学，可是仍然有不准确的时候，更何况是消费者的心理。即使计算机技术再发达，也不可能完全掌握消费者的偏好，因此不可能精确地知道能够销售多少数量。如果不知道销售数量，就不能安排生产计划，这种说法的确令人大伤脑筋。

如果市场状况好，月销售量可能会达到3万台；但是，如果市场状况不佳，无论市场推广做得多么到位，消费者就是不肯买，或是仍持观望态度，那么月销售量可能只有500台。因此，市场需求可能是3万台，也可能是500台，这种情况就变得十分复杂，但是我们也必须要想办法解决。比如说可以先做一批样品，试探性地投入市场，然后根据消费者的反应不断地改进，尤其是在细节方面。最终正式上市时，消费者们可能就会蜂拥而至，抢购一空。不过，此时可能又会有人提出，如果当时就直接投入3万台的话，原本可以赚得更多，这样白白损失了大好的机会。可是，如果当初真的直接投入了3万台的生产量，却可能造成滞销，结果又是追悔莫及。

日本人有一个毛病，就是非常害怕机会损失。这是第二次世界大战后的50年代到60年代末期，或者说是到石油危机后期，日本经济高速增长的结果。当时的业界经常感叹，难得销路这么好，若是因为生产设备不够或是人力资源不足而丧失了市场份额，同实际上遭受损失不是一样吗？这就是所谓的机会损失。同样是损失，可实际损失和机会损失的差异非常大，不过人们总认为都是受到了损失，丢掉了利益，这难道不也是一种错觉吗？错失了赚钱机会并不会给企业带来实质的损失，可实际损失则无疑造成了一些不利的影响，然而这两个概念却经常被混淆在一起。

另一方面，如果当时进行了需求预测，预计可以卖得出去，而且在我们自己看来这种产品的销路没有问题，可结果却是顾客没有反应，这就属于需求预测的误差。由于汽车的需求预测一般交给经销商来做，他们的精确度我们不能够把握，但是如果让公司受到损失就不好了，因此我们往往害怕机会损失，与此同时反而可能忽视了实际损失，这会造成工作中的重大失误。因此千万要牢牢记住，不要只想着少赚了多少利润。

我们的思维方式中存在着一个误区，认为"没钓上来的鱼往往是大鱼"，把没有得到的东西看得过重，这是由于害怕产生重大损失的缘故，实际上这也是一种错觉。

因此，如果我们只是一味地主张降低生产成本，在经济不景气的时期，或者说经济增长停滞的时期，或者使用更加规范的语言（如稳定增长期、低速增长期、高速增长期等），也就是我们所说的经济没有增长的时期（有人也把这叫作经济的负增长）、零增长时期或者负增长时期（明明没有增长，却还要用增长的字眼，感觉上好像还是在增长似的），在这些情况下，就很可能会陷入思维的误区。

第 8 章 | 大野耐一的现场管理

限量经营即低成本生产

最近,经常可以听到一些关于减量经营的成功案例,或是因为减量经营而使企业经营状况得到改善的报道;这类消息经常可以在报纸、杂志的经济版面上看到。所谓的负增长即减量,而零增长表示生产数量与前一年完全一致,低增长则只是经济增长曲线的斜率变小了一些而已。在必须减产、减量的时期,单单控制生产成本的要求就是件很棘手的工作,我把这种情况下的减产称为"限量经营"。

只生产能够卖出去的数量。从这个角度来讲,在限量经营的前提下怎样能够使生产成本更低就变得尤为重要。如果销售量是 10 000 台,却非要生产 15 000 台,那又怎么可能降低成本呢?因此预见公司的利润和损失是非常重要的。这里必然又会产生一种错觉,那就是与生产 10 000 台相比,生产 15 000 台的成本更低。即使在生产 15 000 台的确更经济的情况下，我们生产了 15 000 台，可实际销售量只有 10 000 台，剩余的 5 000 台积压在仓库里，落满灰尘，难道这也能算得上是获利吗？如果销售量是 10 000 台，那么生产 10 000 台一定是最经济的。与生产 15 000 台相比，可能生产成本高一些，可正是这种尽可能降低需求量成本的思维方式，才能够被称为"限量经营"或者"限量生产"体制。

稳定增长或者说低速增长，就表示增长的幅度有限。即使增加产量，也许也只能加到 11 000 台，这就是我们所说的限量。仔细地考虑一下如何将这 11 000 台的生产变得更经济，这才是最重要的事情。

"减量"和"限量"的"量"虽然是同一个字，但是含义完全不同。所谓"减量经营"如果完全不考虑生产量是否会减少，这种减量就不可行。如同拳击选手一样，被人为地分成许多级别，每个级别之间都有体重的限制，只有符合某一重量级的选手之间才允许进行比赛。这样一来，为了维持体重，选手们就不得不少吃饭，结果造成因"减量"而导致体力不支，最终失败。对企业来讲也是同样的道理，口中喊着减量减量，可是如果减掉的都是赘肉还好一些，若是不管赘肉还是肌肉都一起减的话，这种减量经营就变得十分危险了。

大野耐一的现场管理 | 第9章

库存减少，半成品反增

某家公司和我说其"库存减少了"，以为会得到我的表扬，因为其认为库存减少，就达到了减量经营的目的。可是我们深入地看一下，如果减少的都是材料，那么随后生产必然会陷入困境。当我提出这个问题时，对方回答："不，并不是这样。"我参观过工厂后才发现，原来材料都变成了半成品，结果是半成品增加了，根本没有达到"限量"的目的。原材料都是库存需要保证的对象，一般来说，材料仓库都被安排在生产部门的旁边，仓库里的东西都觉得是自己的，可以随时拿来使用，如果仓库里的库存减少了，生产部门会感到不安。

持有一定数量的材料或者说原料，虽说与经营体系本身没有什么特别大的关系，但是因为它们会随着市场价格上下波动，所以应该在价格低的时候买入。这是商家都知道的道理，只要买回来就是自己的东西，生产现场想怎么用到时都可以很随意。但是如果将这些原本用来以备不时之需的原材料都加工成了半成品堆放在仓库中，那么可能就会有麻烦了。

我所说的"限量"，是指不要生产不需要的东西，并不是说所有的东西都要限制。这对于机器的运作来讲也是一样的道理。例如，一项工程有三个工序，工序一需要一分钟，工序二需要两分钟，工序三还是需要一分钟，各个工序所花费的时间是有差异的。此时，工序一完成了一个零件，不过，由于工序二需要两倍的时间，所以零件还在生产着。可是，工序一的作业员说我这边已经完成了，他会继续做下一个，结果在工序二的零件完成时已经做出了两个完成工序一的零件，这样一来，半成品就增加了。

这种半成品，虽不用于出售，但它是成品的保证，那么我们也应该思考一下怎样提高它的效率。可能有人会说，工序一花费一小时的时间，好不容易生产出60个零件，可是因为工序二只能生产30个零件，就让我们也只生产30个，那不是资源浪费吗？在这种情况下又经常会产生一种错觉，努力地生产60个零件就一定效率更高，成本更低，也就是人们认为的应该尽可能多、尽可能快地生产。

明知道销售不出去，却仍然提高效率，尽可能多地生产，到底公司会发展成什么样呢？公司需要为努力工作的作业员支付工资，原材料也需要加倍购买。在耗电方面，如果只生产一半，电费会少很多，如果用电量加倍，就需要向电力公司支付更多的费用。结果，在会计计算上似乎是节省了开支，可是生产出来的都是卖不出去的产品，长此以往，公司只可能越来越贫困。

以后道工序为客户，对工序一来说工序二是客户，客户不需要的东西我们不生产。"工序二需要两分钟，工序三需要一分钟，如果借着工序三的作业员去上厕所的时间赶出一分钟的工作量，那么不就正好搭配合适了吗？"这样问的话就是故意把问题夸大了。如果分开来看，其实道理非常简单，但若是引进公式计算，反而会使人产生错觉。销售不出去的东西生产得再多又有什么意义？不过无论你怎么解释，都会有人觉得"只要便宜就好"，如果某家公司里有很多这样的人，那么公司一定不会经营得太好。

如果机器闲置不动，至少还可以减少磨损。假如一台机器的使用寿命是10年，若每天停工一半，也许就能够使用20年。不过，如果一台机器的折旧率已经被认定为10年，即10年后必须报废，那么再过度使用的话，就不是理想的做法了。我在前面也举例谈到，使用钻孔机钻孔时，花费了很大力气，希望可以30秒完成一个，结果1个小时就能够完成的工作却做了7个小时，并且自认为工作已经非常努力，有机会的时候就会向老板提出加薪，结果只能使产品的单价更高。这样一来，生产成本不就增加了吗？虽然此做法的出发点是降低成本，可结果却事与愿违。在计算上得到了所谓的最低成本，便全盘接受，完全不考虑公司的总体成本，这是不可行的。因此，管理者们在做出决定时一定要再三权衡。

使用一种设备生产多种产品的公司，很容易出现单个产品生产过量的问题。先生产一定数量的A零件，接着生产B、C，就像我们前面举例说过的，根据计算结果，总是认为生产1000个不如生产10 000个更经济，于是让机器全力运转，尽可能地多生产。

如此一来，放置半成品的空间又会紧张，必须再增加仓库数量；仓库搭建好之后，又不断地生产半成品，同时还计算着生产成本很低很划算，并因此沾沾自喜。而且，在使用计算机之后，这种投入—产出的计算变得非常简单、迅速，只需按按键盘就可以完成。可是，到最后才发现，原以为造价很低的商品，事实上却已经很昂贵了。

好不容易才降低了零部件的成本，可是经过层层工序，等到组装完成时整机价格反而更高，这就是单纯依靠成本计算带来的弊端。

搬运的工作也是同样道理，如果用生产部门的人来搬运，搬运费必然会计入生产成本里；如果使用搬运作业员，那么搬运费则计入一般管理费，这样一来，生产成本就降低了。作为会计师，这是一般的常识，可是这种分类往往会把他们弄糊涂，生产成本到底是降低了还是提高了，他们也不十分清楚。单纯地依靠会计计算，可以将这笔费用计入一般管理费，虽然一般管理费也需要尽可能地节约，不过生产部门不需要考虑这部分成本，因此，他们认为生产成本降低了，这其实只是会计计算上的降低与提高而已。如果你问他间接部门的管理是不是也需要合理化呢，他必定会找出一大堆的理由申辩，说这与他无关。事实上，这种想法在工厂里非常普遍，如果大家真的认为这样做可以降低成本，那不又出现了一个重大的错误吗？

第 10 章
量产就是低成本的错觉

"量产更为经济",这又是一个一般性的错觉,容易被人们当作常识来看待。从这个观点出发,也有很多人会自然地认为如果生产少量的东西,可以以更高的价钱出售,这不又是一种常识性的错觉吗?量产真的能够降低成本吗?根据我这些年东奔西走观察到的经验,真正能够通过增产来降低成本的案例非常少,大多数情况都是增产后反而成本更高。

一个工厂的生产能力大体上应该是固定的。一台机器生产多少产品的时候最经济,这个数量也已经固定了。例如,一台冲压机每小时冲压 1000 个工件成本最低,若是非让它冲压 1200 个工件,不见得真的成本低。

当然,有人会说可以再购买一台机器。但是,无论如何都是需要增加两成的工作量,若是需要加班,对于公司来说,可能会增加三四成的成本。这样一来，虽然通过加班完成了12 000个产品，但是真实的成本却在增加作业员工资的基础上提高了。另一方面，本来能够生产10 000个产品的机器，若是因为订单数量而只让它生产8000个，这种情况下，成本也必然会提高。从生产8000个到生产10 000个，此时增加产量会使成本降低。但是，若是在生产能力之上，非要完成更多，那么只可能使成本增加。因此，对于工厂来说，在生产能力饱和之前，确实应该尽可能地增产，哪怕只增产一个也会使成本降低；可是，如果超过了生产能力，再一意孤行地增加产能的话，一定会使成本提高（大约提高30%）。

而且，如果需要加班的话，作业员们会非常不满意，闹到工会，就只能被迫再购买一台机器。新机器买来之后，此时的生产能力是20 000个，如果达不到这个数量，机器的稼动率就不高，又会使成本增加。因此，现实中真正能够通过增量来降低成本的情况，只能是根据生产能力增产，并且到一定限度适可而止。

在过去经济高度增长的时期，每3年产量翻一番，那时购买机器的确是一种好的选择。也有人说我有先见之明，说我们公司的前期投资效果非常好。但是，他们只记得成功的光景，却忘记了失败的教训。在此我想提醒大家，降低成本没有必要通过量产进行，它们之间没有必然的联系。

另外，我想再举一个产量很少，但成本却可以降低的例子。比如冲压机的换模作业，原来需要一个小时，现在只要10分钟就可以了。如果某种产品的数量比较少，就完全能够在换模节约出来的时间内完成。具体做法是：先换好模具，花费10分钟；生产数量较少的零件A，花费10分钟；接着再更换模具，10分钟；再生数量很少的零件B，又花费10分钟；然后再更换模具，在最后的10分钟里生产数量较多的零件C。这样一来，用换模节约出来的50分钟时间，对月产量50个左右的工件进行加工，针对小数量的产品，生产出了零件A和零件B，生产效率提高了。

当然，这种效率提高不是轻而易举就能够实现的。原本需要花费一小时的作业，在全体人员的努力下好不容易缩短为10分钟，那么这个成果怎么才能够更好地与降低成本相结合呢？这确实需要会计专家们动动脑筋。在节约下来的 50 分钟里，与其大量地生产单个零件 A，还不如针对整个生产计划，穿插着安排一些必要的且数量不多的零件 B、C、D、E、F，这样一来，量少的产品也可以做到成本最小化。

可是正如前面提到的，一般的概念是量产更为经济，相反，生产数量减少，成本必然增加，而且认为应该以更高的价格出售。这样一来，大家就把目光转向了生产附加价值高的产品，社会上也就自然形成了"多种少量"才能产生高利润的观念，并且许多厂商都尽可能地朝着这个方向努力。但是，我们为什么不朝着另外一个方向转变观念，通过降低成本来获得更高的利润呢？人们在生活中会产生很多的错觉，并且这些错觉有些会变成常识性的，用这些常识性的错觉来思考问题，怎么会使企业的经营效益变得更好呢？

事实上，有许多种方法可以使整个公司的成本降低下来，但是仍有许多人只注意个别产品的成本，看某种产品能否盈利。虽然有些产品实际是盈利的，但是因为在会计账户上出现赤字，管理者们就极力主张将这种车型停产，结果就造成了将利润最高的产品停产，去拼命生产那些看似赚钱其实利润很低的车型。这种增产，只能给公司带来巨大的损失。这样的做法在我们周围屡见不鲜，不仅仅是在汽车行业，其他行业里可能也是如此吧。

第 11 章 大野耐一的现场管理

无效率的动作不是工作[一]

我一直以来都认为,海外作业员熟练掌握日语是非常必要的,若是能够好好地诠释日语中蕴含的思想理念,日本的工业、产业也会有更好的发展前景。比如日语中表示"动"的有两个字:"動"与"働"。从字面上看来,这两个字只是一个有人字旁,一个没有,音读的发音完全一样。[二]

可是在其他国家的语言中,特别是英文中,这两个字无论是发音还是字形都差异很大,这样使用起来就方便多了。

前年我去中国的时候,就曾经有过失败的经验。

[一] 原文为"ムダな動きは働きではない",直译过来为无效率的"動"不是"働"。——审校者注

[二] 日语汉字读音有两套体系,即音读体系与训读体系。音读一般是汉语外来语,与中文发音相近,以名词与"サ变"动词为主;训读则是在日语原有字母文字的基础上加上汉字表意,以动词、形容词、形容动词为主。而实际上,"動"与"働"作动词训读时的读音是不同的。——审校者注

中国有的工厂里，货物总是杂乱地堆放，在学习了丰田的清理、整顿、清扫、清洁理念之后，他们也专门发起了4S活动，对于实施得较好的部门及个人加以表彰，希望在种种努力之后，能够贯彻这个概念。当时，我把整理、整顿说成4S运动，结果就有很多当地的作业员问我，为什么叫4S？在日文的发音中，这四个词的发音都是以S开头，可是在中文中却相差很远，因此他们很难理解。这使我想起了麻将中的"清一色"，在日文中，这个"清"的发音和中文相近，读作"qin"（ちん），其他情况则一般读作"sei"（ちい）㊀。

尽管我一再地向他们解释原因，说是由于这四个词在发音中的首字母相同，都是S，因此叫作4S，但是他们看到汉字还是觉得不能理解。最后，我只好让他们单纯地记住4S就好了。而两个"动"，日文中同样读作"dong"㊁，可是在写法上却是一个有人字旁，一个没有，这也让人很难理解。

虽然发音一样，却不能混为一谈。在我们工厂的

㊀ 此处标注的拉丁文拼音为日文罗马字读音，其与中文汉语拼音还是有较大差异的。——审校者注
㊁ 原文为日文罗马字读音"Dou"，但这二者的读音几乎完全相同。——审校者注

所在地"丰田"(从前称为"举母")这个地方，就不把"動"与"働"两个字区分使用。比如说"我家的媳妇很能干"（うちの嫁はよう動），在日语中"能干"应该用带偏旁部首的，可是当地就使用不带偏旁部首的。我们的工厂建在这里，作业员们难免会将单纯表示动作的"動"当成强调用脑的"働"，他们认为只要卖力工作就是"働"，让他们理解二者的差别真的需要费一些苦心。虽然我不可能和作业员们解释说人是从一种"动"发展到另一种"働"的，但是，后者蕴含了人类的智慧，前者却只表示像动物一样的单纯动作，这点差别还是必须要让他们理解的。

动物园里的狗熊总是在笼中走来走去，那只是动物本能的"动"而已；不过，因为有许多小朋友买票进去看，此时，狗熊单纯的"动"就变成了有价值的"働"，因此，同样的一个动作，究竟其含义为"动"还是"働"，关键在于它有没有意义。

假设狗熊也有体能上的极限，在没有游客的时候，它躲到笼子里面休息；在游客很多的时候才出来走动，取悦观众，希望他们下次再来。若真能做到这样的话，那么它就是一头会赚钱的狗熊了。

同样，在游客量非常大的周日，动物园的工作人员会将大象牵出来表演，这其实也是在人类智慧的作用下，让大象"働"起来。至于猴子，即使管理员什么都不做，它们也会意识到游客们的存在，做出各种各样的动作来。这是猴子自主性的"働"，只是在日文中不会在"动"的旁边加上反犬旁而已。

因此我说日文的结构非常有趣。当产生错觉的时候，或者要让产生错觉的人意识到自己有问题的时候，日文中的汉字都可以发挥作用，这对日本产业界的发展来讲可以说贡献非常大。有一次，当我谈到这个观点时，现场就有个人说道，他应该把"动"字写成三点水的偏旁，因为他喜欢喝酒，而且经常喝完一家酒馆又换另一家继续喝，所以他觉得在"动"字的旁边加上三点水表示移动着喝酒。当然，这只是他的一个玩笑而已。

不过，身为生产现场的管理者和主管，必须具有分辨"动"与"働"的慧眼，也就是说，必须能够分辨清楚哪些动作是无效率的，哪些动作与工作是无关的。

例如，有一项需要通过机器切割来改变原材料外形的工作，可是生产现场的作业员却在机器的滑槽中堆满了东西，而且还得意洋洋地说，堆了五层都没有倒塌。一个作业员在做这种幼儿园小孩们的游戏，而且还觉得自己很努力，提出加薪，这样的公司怎么可能盈利呢？问题的关键在于需要有人明确地告诉他们不可以这样做，这才是主管们最重要的工作。

我们以前经常到其他公司参观，一般都是他们的厂长或其他高层干部出面接待。我们经常可以听到的一句话就是"可以完成"，不知道这是普通话还是丰田、三河地区的方言，它表示可以做到，但是和英文中"can"（能）的意思还不完全相同。它的过去式表示"完成了"，但究竟是作业员自己努力完成的，还是在管理者们的监督下完成的，不得而知。每当我问到这个问题时，他们也总是避而不答。因为如果回答说是作业员们自己努力完成的，也许就会有人批评管理者无能；而如果回答说是在监督下完成的，又会有人批评他们压迫作业员，因此他们选择默不作声。如果硬是追问，他们也只会说一些无关紧要的话，这从另一方面也表示，如果连怎样"完成"的都不知道，那么管理者的管理能力将会受到质疑。

但事实上，我们经常可以听到"完成了"这句话，可能是在大家的共同努力下完成的。在生产管理中，最重要的任务在于如何抑制过度生产。工作虽然完成了，但是效率却不高，只会在遭到董事会指责时低头认错，这样的生产管理就毫无价值了。

第 12 章 | 大野耐一的现场管理

农耕民族更偏好库存

日本人身为农耕民族的子孙，在内心深处多多少少会残留一些农耕民族的"乡愁"。所谓农耕民族，即那些一定要找到一个固定的落脚点安家，并且一定会在居所附近开垦农田以及耕种土地的民族。农耕民族的生活完全依赖于天气状况，气候好的年头会丰收，气候坏的年头则相反。例如，在日本若是赶上台风侵袭或者干旱肆虐，那么这一年的收成一定不好。因此，农耕民族养成的生活习惯就是在风调雨顺的年头尽可能多地储存粮食，将它们放在避光通风的地方，以备不时之需。无论时代怎么变迁，这种防患于未然的思维方式依旧深藏于我们的内心，影响到我们的行为方法。在现代科学如此发达的今天，无论多么小的降雨概率都能够做到提前预知并准确播报，可是这种思维方式仍然潜移默化地影响着我们，甚至在与天气状况毫无关系的制造行业里。

在我们的思维方式中，总是认为应该尽可能多地组织生产，因为有些时候机器可能会出现突发性故障，还有些时候人员的出勤率可能会不好，等等，所以我们总是认为必须要抓住一切条件运转良好的时机。我虽然口中说着应该尽量减少库存，可是在心里多多少少也会受到这种观念的影响，仍然不自觉地希望尽可能多地生产，这应该就是深藏在内心深处的"农耕思维"在作怪吧？

　　在这一点上，狩猎民族就与我们有很大的差异。肚子饿了，没有食物，他们就会立即外出打猎，然后把猎物迅速分完吃光。但是若换成农耕民族，即使是一头猪，他们也一定会选择先把它杀死，只吃掉一小部分，然后想方设法地把剩余的部分储存起来，这可能也就是储存技术或者说制造业里的库存管理越来越发达的原因吧。

　　因此，与生产管理比起来，可能所有人的心中都对库存管理更感兴趣。也就是说，大多数人都认为与其管理生产，不如管理库存。事实也是如此，关于"生产管理"的书少有人问津，可是关于"库存管理"的书却销路奇佳。常常有人拿着书问我，为什么丰田汽车公司提倡零库存？为什么我们连仓库都没有？一副不可思议的神情。似乎人们总是习惯对于自己拿手的事情跃跃欲试，因此，大家热衷于建仓库，并且希望逐步扩大仓库的规模。让我们再回到农耕民族这个话题，他们储存许多粮食，以备饥饿的时候充饥，可结果却可能是粮食被虫子蛀坏。难道这就是真正意义上的储存吗？所谓储存，应该是指在万一有突发事件降临的时候把食物拿出来充饥，比如说从前的战争，这的确是个办法，但是这种突发事件一般多年不遇一次，因此，库存就在不断地增加。

我小的时候，经常听到人们说，务农的人注定贫穷。所谓"谷贱伤农"，捕鱼业也是如此，如果一次捕得太多，就会有许多卖不出去，随处可以看到卖不掉的鱼被丢在海边。也就是说，农渔业一旦遇到丰收就难免价格大跌，甚至被偷走一些主人们都不太在意。而歉收时恰恰相反，市场价格飞涨，这种市场价格的波动也就是我们常说的"市场行情"。

市场行情的概念逐渐普及，因而储存的年限也随之增加。近来又有人提出了一种无论产量多少，应该按照统一价格收购的机制。从前，如果稻米丰收，供过于求，市场价格就会被贬得非常低。现在引入了统一价格机制，也就是"成本核算概念"，不论稻米多么丰收，都要根据最初耗费的耕作成本来定价，这个价格一定比市价高出许多。成本核算概念认为，售价应该是成本与利润之和，因此需要考虑当初购买耕作机器的成本，再根据收获的数量，在核算过机器的折旧率之后确定最终售价。当然，肥料的作用也非常大，所以这部分成本也需要考虑在内。至于农民的"工资"，说工资可能不是很恰当，也就是指农民的劳动力成本，也必须按照每天甚至每小时来核算，这样才能最终确定成本。

我从一开始就谈到，所谓的成本不能够为了计算而计算，可是当时有很多人都认为如果不进行这种成本核算，不在其基础上增加利润的部分，农民们就会失去耕种的干劲儿，结果导致稻米的价格水涨船高。现在，人们的这种观念已经改变了很多，不过从明治时期以来，它已经在很多行业中产生了不良的影响。

第13章 大野耐一的现场管理

减产也可以提高生产率

现在的日本，稻米生产过剩，且由此引发了很多问题，因此政府决定想办法减产，并且最近还提出了"休耕"政策。在此之前，政府曾经推出过"废田"措施，即毁弃稻田，任稻田里长满杂草，只要不生产稻米就行。并且，政府还会根据废田的面积给予农民一定的资金补偿，结果农民们纷纷拿着补偿金到海外旅行，因此，无论在伦敦还是巴黎，到处都可以看到来自日本农民协会的客人们。

可是，即使这样，稻米的产量仍然过剩，所以现在不得不推行"休耕"政策，即按照既定的比例闲置相应的稻田，由此控制稻米的产量。虽然政府发出"休耕"命令，可是从农民的角度来看，根据"休耕"政策停止了10%的产量，他们还是会到没有被迫要求"休耕"的土地上去耕种生产，结果稻米的收成不但没有减少，反而大幅度地增加。对此，有人认为是"休耕"政策实施不到位，我觉得这是忽视生产率㊀，只重视数学计算的结果。即使再让农民们减少10%的产量，告诉他们现在是生产过剩时期，请设法减产，事实上他们还是会到其他允许耕种的地方去组织生产，结果产量自然会只增不减。由此可见，政府官员们的根本问题在于没有弄清楚生产率，这在农林水产省和通产省㊁都存在，他们思考问题的方式大致是相同的。

对于这种结构不合理的产业，政府当局认为淘汰过剩的机器就可以，他们认为是那些机器导致了过剩的产量。不过，事实上即使废弃了那些机器，农民还是会偷偷地引进性能更高的机器。也就是说淘汰10%的旧机器，却添置了10%甚至更多效率更高的机器，结果仍然难逃生产过剩的局面。

农业界的高层领导们毕竟也是日本人，大家都是农耕民族的子孙，我相信他们一定能够协调好这个问题，我在此也只是发发牢骚而已，解决不了什么问

㊀ 原文中"生产性"是指投入与产出的比率，即生产率。——译者注

㊁ 日本的"省"相当于中国的国家部委，如"财务省""教育省"等。——译者注

题。不过，我认为他们应该多从生产力的角度出发去考虑问题，抛弃那些现在的产量已经达到极限、或者说数量越多成本越低的思维方式。

生产率和生产量之间的关系密不可分，人们往往认为生产数量的增加会带动生产力的提高。不过，如果产量减少就一定使生产率下降吗？这也未必。假设产量比原来增加了10%，但是人员的数量没变，我们就可以说生产力提高了10%；或者销量增加了20%，但是人员只增加了10%，也可以说生产率提高了10%。能实现这种目标的不仅仅是日本，世界各国都有许多成功的经验。

在产量无法增加，也就是"零增长"的时期，还有提高生产力的方法吗？日本是实行"终身雇用制"的国家，不允许轻易裁员，因此通常的看法就是减少10%的产量，生产率自然也会随之下降10%。

或许很多人都认为这是理所当然的事，可是即使是理所当然，我们也应该努力找出在减产的条件下提高生产率的办法。如何才能具有发现这种问题的能力，或是拥有这样的人才，这才是企业能够在经济危机时屹立不倒的关键所在。

我不知道下面这个例子是否恰当，例如我们希望减少10%的产量，那么如果让机器的运转减少10%会怎样呢？机器的运转也就是发动机的运转与电力的消耗是2∶1，即每减少10%的机器运转可以减少20%的电力消耗；或者说每增加10%的机器运转，电力消耗就会增加20%。这点工厂里的人都十分清楚，不过往往是在产量下降的时期，他们仍然让机器照常运转。事实上，如果在减产10%的前提下，机器运转降低10%也能够满足需求，那么就应该这样做，以减少20%的电力费用。这种努力的结果就是，即使仍然是同样的人员数量，成本也不至于增加。

虽然日本不可以像美国一样轻易裁员，可是在日本的企业中，同样也会根据企业规模的不同，争先恐后地引进所谓的"省力设备""省力机器"。就像那种很方便的叉车，即使是小企业也有一两台，它的优点是省时省力，在广告中声称即使女作业员也可以在几分钟之内将几千克重的物品堆放好几米高。不过，这种机器使用的是充电电池，耗电量也很大，因为它考虑的是如果使用发动机就会消耗汽油，而且到处推来推去还会磨损轮胎。因此我认为，如果到了产量减少的时期，就不要再使用这种机器，反正因工作减少闲置出很多人手，若是使用这些人手来进行人工搬运，至少可以从成本中扣除叉车这部分费用。也许有人会提出，这样做人工费用也会很高，虽然这种方法不及裁员效果好，可是我们不能够因为效果不好就放弃，应该尽力而为。

也许迟早有一天，汽车的销量会减少。我们在1974年的时候就意识到这点，当时，全球汽车市场紧缩，幸好次年又高速发展起来，我们当时就意识到难免有一日会面临减产，或者说汽车业的减产时代迟早会来临，因此，必须开始努力缩小物品的搬运单位。比如说，叉车只适合大型的货架，如果遇到不景气时，想改成人工搬运就非常困难，因此我们将货架改成了一个人就可以搬动的尺寸，或者是适合手推车搬运的尺寸。经营状况好时，可以继续使用叉车，将这些货架一个个堆起来，万一遇到不景气，随时可以改成人工搬运。

再有，现在的尾气排放检查只需要轻按电钮就可以自动完成，不过这需要电机和压缩机继续工作，其实在不景气的时候，反正有多余的人力，不如也改成人工作业。生产现场中类似这样的地方有很多，只要我们留心注意，即使被迫减量生产，也不会增加成本。

第14章 | 大野耐一的现场管理

景气时也应该考虑合理化

　　这是与生产相关的工作人员都应该考虑并且为之努力的一个问题。当然，也可以考虑在减产的前提下生产高价值、高利润的产品，也就是附加价值很高的产品，不过，市场的反应我们却不能够准确地预知和把握。如果可以按照生产计划顺利地销售出去，是最令人满意的结果，可是，万一事与愿违，也不能够一筹莫展，任赤字不断发展下去，因此，必须从容应对。

　　如果平时没有做好准备，等到工厂不景气的时候，才开始改造材料包装，或者使用手推运货车，那么，这一切需要花费的资金可能会使工厂的经营雪上加霜，甚至血本无归也不为过。为了避免"本末倒置"，平时就应该有所准备，考虑一旦出现经济不景气时如何应对，这才是真正的合理化。

　　所谓合理化，应该是在景气的时期，或者说产品有利可图的时期就未雨绸缪，做好准备，如果公司经营真的到了捉襟见肘的地步，可能也只有等待破产倒闭了。"减量"也是一样，若是到了最后关头才想着通过减去赘肉来改善经营，那么此时已经没有赘肉可以减，只能连最重要的肌肉都减掉，这就不能称为真正意义上的"减量经营"。因此，就合理化的进行而言，关键也是要在景气的时期或者说业绩非常好的时期就采取各种合理化的措施。

　　景气的时候，可能生产运作的结果与会计计算的公式刚好吻合，所以管理者们往往认为一切顺利，不需要进行改善也同样有很好的结果；或者认为即使进行合理化改进，也未必就一定效果很好。举个例子，在景气的时期，放着电梯不用，采用人工搬运货物，然后感觉人力不足，进而雇用更多的作业员，这可以说是最不明智的做法。

　　日本是实行终身雇用制的国家，不能够随意解雇作业员，即使出现经营困难也必须保证作业员的工作机会。这对于那些可以承受巨额赤字的公司来说，当然雇用多少作业员都可以，但我们是私营的企业，因此，必须追求利润。

为了追求利润，我要再重申一遍，必须通过努力降低生产成本来进行，这样才能提高业绩，获得盈利。若是希望通过压迫作业员工作，或是压榨他们的工资，是不可行的。合理化需要采取科学的方式方法，通过尽量减少浪费来实现。这也是"工业工程"（industrial engineering）需要考虑的最终目标。

俗话说"穷则钝"，意思是人在贫穷的时候往往想不出什么好的办法。因此，只有在经济状况好的时候才能激发出智慧的火花。现在有很多行业正发展得如火如荼，对行业的管理者说"市场""行情"，他们可能会嗤之以鼻。事实上，他们公司内部一定有许多需要进行合理化改进的地方，如果不防患于未然，怎么能保证持续盈利呢？

第15章 准时化生产

大野耐一的现场管理

"just in time"（准时化生产），这是除了前文提到过的"自働化"之外，又一个丰田生产方式中的独创性词语，甚至连我自己都没怎么在意过它的使用。但是，最近我突然发现，"just in time"似乎是一个经过改造的短语，我想它最初应该是由第一任社长丰田喜一郎先生创造的。这个短语虽然是由英文单词构成，但却充满了日语的语言风格和表达习惯。

如果你去问美国人或英国人，或者其他母语为英语的国家的人，他们可能会告诉你在他们的语言中似乎没有"just in time"的形式，这个短语是错误的；也可能有人会告诉你正确的英文说法应该是"exactly on time"。虽然"just in time"不是纯正的英文，但我却非常喜欢这种表达方式。如果把"just in time"翻译成日语，意思应该是"刚好来得及"。在英文中，"in time"这种表达似乎很奇怪，应该用"timing"

一词，可是"timing"并不是时间的意思，而是"时机"，不管时机是好是坏，时机有没有被抓住，都应该用"timing"，也就是"in timing"。我不知道英文里有没有"in timing"这种形式，但是我觉得单单这个短语并不能够准确表达出及时的程度，所以在前面加上一个"just"似乎更好一些。

在英文会话中，有"just moment"一词，它的意思是"请稍等一下"，虽然这个"稍等"的意思是稍微、暂时，并不是指"及时"，但是如果使用这个短语，表达的意思可能就变成了"不允许提前到货也不允许延迟到货，供货方必须按时把原料送过来"。也就是说今天需要的东西，必须在今天送过来，并且保证一个也不能少。如果供货方昨天就送过来，那么就太早了，当然，更不允许晚到货，这不正是"just"的意思吗？这样一来的结果就是产生了"just in time"这个日本式的英文短语。

关于"exactly on time"这个纯正的英文表达方式，我认为"on time"是一个表示时间跨度的词，这个词的用法起源于机场之类需要安排工作时间表的环境，它的含义为"准时"。正如我们前面提到的,"just in time"中的"just"取的是它在"just moment"中的含义,因此有些外行人乍一看可能觉得不应该用"just",而是应该用"exactly",这样能够更加清楚地表达"准时"的意思。例如,一些外行人可能会认为丰田的"just in time"是指上午11点需要的原材料,应该在11点被准时地送过来;即使是那些懂英文的日本人也可能会认为丰田的"just in time"并不是真正的英文短语,而是丰田汽车公司进行严格生产管理的表现。但是我认为我们的"just in time"想表达的真正含义是:无论外部供应的原料,还是公司内部供应的原料,如果将它们安排在今天下午1点生产,那么上午11点左右送货过来是最合适的时间,若是供货方上午9点就把原料送来,那么就太早,就不是我们所说的"just"了。

"just moment"是指恰好某个时间点,如果你对供应商说"just moment",但是却需要他等待三五个小时,那么供应商一定会非常生气。结果就造成了如果安排在11点左右生产,那么就需要将原料在生产线旁边堆积一两个小时的时间。这种情况还算好,至少能够保证生产不断线,可是我们所说的"just in time"是指刚刚好供应生产需求，如果到货太早也会带来很多麻烦。从这个意义上说，外面的许多恶性传言，比如说什么丰田汽车公司的供货要求太严格，原料晚到 5 分钟或 10 分钟就会取消购买合同等，对于这些传言，我感到很烦恼，我们应该从日语的角度去理解"just in time"这个词，而不必咬文嚼字，带来不必要的麻烦。

从日本明治时期开始，就有"横滨语"一说，也就是指那些将英文、日语等文字混合在一起来表达意思的词语，我认为"just in time"就是一个很好的用英文短语来表达日语含义的例子。英文中的"on time"不能够涵盖我们想要表达的意思，即使你去问英文专家，问他有没有一个词可以准确地表达"刚好来得及"的含义，答案也一定是没有。因此，我们要感谢像丰田喜一郎这样的伟大人物，他根据日本人的思维方式创造了"just in time"这个短语，用简单的英文单词来表达日本人所熟知的含义。

大野耐一
的现场管理 | 第 16 章

丰田佐吉㊀翁的"自働化"思想

1932 年，我从名古屋高等工业学校的机械专业毕业，不巧遇上国内的经济非常不景气，几乎没什么入职机会。幸运的是，不久我被丰田纺织公司聘用了。这是一家生产纱线的公司，纱线、棉线是当时日本最著名的产业之一，可以出口创汇，在国内外都颇具影响力。

丰田纺织公司是一家非常苛刻的公司。在我工作的前三年，都是日薪工作制，和生产一线的作业员们没有区别。三年之后，公司开始让我负责纺织生产线的一小部分，并给了我一个系长的头衔。虽然也被称为系长，但职位却在设备保全系和物流系之下。

后来，在丰田纺织公司的隔壁成立了丰田自働织机公司，生产它们自己发明的织布机。我并没有机

㊀ 丰田佐吉（1867—1930），日本发明家、织机改革家、丰田自働织机的创立者。其子为丰田汽车公司的创立者丰田喜一郎。人们将其敬称为"丰田佐吉翁"。——审校者注

会在织机公司工作过,所以对自働织机了解不多,后来才渐渐感受到这是一项伟大的发明。那时候并不觉得自织机有什么了不起,可能是因为我刚进公司,做的又是基层工作,对其他的事情一无所知吧。现在想想,这么伟大的发明,当时的人竟然错误地使用,虽然它有很多便利之处,但是我们根本不懂得去利用。

我们引进的福特生产线可以说也存在同样的问题,现在看来,当时的机器性能都是非常卓越的。在此之前只能依靠手脚来进行的工作,利用动力之后,生产效率大幅提高。而且更为重要的是,自动织机上还附加了一个装置,当棉纱被切断或是纱料短缺时,机器可以自动停止运转。这种装置正是丰田佐吉翁的"自働化"思想的体现。

在此之前的所谓"动力织机",都装有一个巨大的发动机,上面附设传动带,由发动机产生动力后,通过传动带带动整个织布机运转。后来才渐渐发明了5马力、3马力等小型的发动机,转变为每台机器安装一个,这在当时被称为"独立发动机"。但是,这并不是我所说的"自働化"织机。因为它只是在机身上安装了独立的动力源,通过发动机让机器能够自动运转起来而已。

而丰田佐吉翁的发明，关键在于当棉纱被切断或是纱料短缺时，机器可以自动停止。因为一旦棉纱被切断，就会产生不良品。如果不及时更换棉纱，让机器继续运转下去，不良品也会持续地增加，最终给公司带来损失。要避免不良品的出现，必须依靠佐吉翁的"自働化"思想，这就是我对此的解释。不过，当时的人只是在乎怎样才能够不断地提高生产效率，怎样才能够尽可能多地生产产品，因此，他们关心的只是当机器停止时怎样才能够尽快让其重新运转起来，以为这样就可以增加公司的盈利。

这种新型织机具备自动停止的功能，可以避免不良品的产生，因此，我们需要进一步考虑的工作是如何改进棉纱，使其更加结实，不容易被切断。可是，当时的人并不是这样想，他们只是忙着如何尽快地将纱线接好，以便机器可以继续运转，提高产量。

也就是说，当时的管理者们只是着眼于通过强化劳动来提高效率，这其实违背了丰田佐吉翁的"自働化"思想。自动织机一直被错误地使用着，以为有了它就可以多赚钱，或许这样说有些偏激，不过这就是我的真实想法。

事实上，在纺织行业中很早就产生了自働化的思想，但是因为一些人为的原因，一直没有实现，因此，直到现在仍然是主要依靠人工完成的多一些。

第二次世界大战期间，丰田纺织公司被丰田汽车工业公司收购，成为其旗下的纺织部。战争结束后，又有幸恢复独立，重新称为"丰田纺织公司"。在那段时期里，我没有立即转向汽车生产相关的工作，而是先从事了飞机零部件的生产工作。我负责的是飞机冷却机，也就是让飞机机油冷却的一种装置。大约1年之后，我才转入现在丰田汽车工业公司的本部工厂，这大约是在第二次世界大战结束的半年之前。进入丰田汽车工业公司之后，我担任了总组装工厂的一个科长职位。

直到现在，很多人仍然认为汽车业属于劳动力密集型的产业。事实上，我们应该尽量地去追求和实现自働化。我们应该思考的问题是，在投入同样劳动力的前提下，怎样才能够生产出更多的产品。

第17章

以提高10倍以上的生产率为目标

1937年，我仍效力于丰田纺织公司，有一次，我与三菱电机公司的一位工厂厂长邻座，恰巧他刚刚从德国、美国参观学习归来，他告诉我说，日本与德国的生产效率是1∶3。根据那家德国工厂的产量，他判断至少应该有1000名作业员，可是询问之后得知只有300人，这表示产能大约比我们高3倍，因此他说日本同德国的生产率是1∶3。

这位厂长从德国学习之后又转往美国，参观过同行业的公司后，这次他说德国和美国的生产率也是1∶3，那么日本和美国便成了1∶9。乍一听觉得这不可思议，因为当时美国的机器还没有完全自动化，而日本使用的也不是国产机器，两国均是从欧洲引进的先进生产线，可以说在生产设备方面几乎没有差异。然而生产率却相差9倍，真的让人难以置信。

美国凭借性能卓越的机器来提高多倍的生产率，

那仅仅是在战后初期。此后，我想日本和美国在机器设备方面应该没有太大的差距。战争刚刚过后，盟军登陆日本时，盟军总司令部的一位官员就声称，美国的生产率是日本的8倍。若果真如此的话，我在1937～1938年时听说美国是日本的9倍，这与战争时期的8倍相比，似乎日本还稍稍提升了一些。不管怎样，两国在生产率上有如此大的差异都很令人费解。

盟军总司令部官员所说的8倍，我认为是个平均值，在汽车制造这个美国的代表性行业里，生产率应该在10倍以上。因此，我所思考的问题是日本的汽车制造如何能够打入美国市场，如何能够提高10倍的生产率。若是仍然按照传统的工作方法来组织生产，是绝对不可行的。因此，提高10倍以上的生产率就成为我们多年来为之奋斗的目标。

可是提高如此多的生产率，当时在日本还没有企业能够做到。即使去美国的福特和通用汽车学习，了解了他们的工作方法，恐怕回来之后也不能立即效仿。因此我认为，唯一的解决办法就是思想意识的转变，这可能就是大野方式的萌芽吧。

我在总组装工厂工作的时候，工厂采用传送带生产线，在流动作业中完成组装。我刚刚入厂的时候，就有一位组装科的老前辈对我说，丰田喜一郎社长曾经告诉他们，当各个零件都能够刚好及时送到（just in time）时，组装线的效率最高。

在此之前，各个零件均是完成之后立即送来，比如发动机不断地被送来，可是方向盘却迟迟不到，这就造成了"中间仓库"里堆满了各个部分的零件，但是却无法出厂整台的汽车。对于各个零件，它们都是成品，可是对于整个车身，它们又都是半成品，缺少哪个小部分也不能够完成整台汽车的组装，这就导致了组装工厂里的工作往往无法推进。

这是因为前面各个工序的生产都非常随意，想生产多少生产多少，或者说各个零部件的生产处于"无管理"状态。这种"无管理"导致了组装工厂的工作必须要到每个月的十七八号才能开始进行。很多零部件都是直到每个月的中旬才能进厂，用我们当时常说的一句话就是，"顶级的相扑选手一年中只拼命10天"。当时的组装工厂里，真正的运转每个月不超过10天。应该30天完成的工作实际上只用了10天，仅从这点看来，至少人员就超出了3倍。也就是说，如果一整个月每天都能够正常运转,那么原有人数的 1/3 就足够了。

对于组装线来说,只要所有的零件都能够及时到位,那么 1/3 的人力就可以完成原来的工作。这不也就等于提高了 3 倍的生产率吗?也就是说,只要能够做到"just in time",就可以提高 3 倍的生产率。这个意外发现让我感觉到,原以为提高数倍的生产率很不容易,其实只要改变观点就可以如此简单地实现。

如果再对"省力化"㊀花些心思,将生产率提高到 5 倍也应该不是很困难吧!

不过,像组装线这种劳动密集型的工作,对人工的依赖性很强,即使一再地呼吁要改善,也未必能够顺利地进行。因为在作业员们看来,仍然是同样的工作,仍然要求一个月的时间内完成,可是却仅仅动用三分之一的人力,似乎是"强化劳动"。因为在前 20 天,虽然生产线没有真正运转,可是作业员们也是在"工作"。日本人非常勤快,既然零部件没有送到,不能开工,那么就打扫屋子吧。虽然生产没有进行,但

㊀ 省力化是指通过一些机械设备来减少生产现场的人手。——审校者注

是他们都付出了体力，因此他们就会产生自己一直在工作的错觉。

很多人都把日语中的"动"与"働"混为一谈，因此，若是仅仅从结果来看，一旦提出增加 3 倍产量的要求，他们就会认为这种增量是通过"强化劳动"来提高的生产率。

第18章 | 大野耐一的现场管理

超级市场方式

正如我在前面提到的,现在各种先进的手段都被使用在了汽车的生产上,不过,我想如果汽车生产也能够倡导"自働化"的理念,那么生产率一定可以再上一个台阶。就像当时的丰田纺织公司,在使用自动织机之后,根据棉线种类的不同,每个作业员可以负责二三十台机器。如果一切运转正常,工作就十分轻松,若是万一机器发生故障了,赶紧跑过去将棉纱接好,保证生产继续进行就可以了。从整个工厂来看,当机器正常运转时,与作业员们就没有什么关系,而当作业员们有何动作时,就表示机器出现故障了。如果这种方法能够运用到汽车生产上,一个作业员应该可以掌控10台机器,这样一来,生产率就增加了10倍。虽然这点在实际生产中并没有实现,不过,这就是当时丰田生产方式最基本的理念。

1951年左右,我有一位同学率先去美国考察,随后拍回了许多照片，用幻灯机放映给我们看。其中有几张关于超级市场的，他告诉我说，美国所谓的超级市场，只在出口处安排一位女店员负责，客人们推着类似婴儿车的手推车，随意选购自己需要的商品，最后在出口处结账即可。这种经营模式节省了很多成本，整个商店只需要一名女店员就可以运营，因此尽管以很低的价格出售也可以盈利。听完之后，我立即想到或许这个点子也可以运用到生产中，比如后续工程与前工程之间，因此，在1952~1953年的时候，我开始推行"超级市场方式"。

在此之前，我的改革方法一直被称为大野方式或者大野生产线，可是我知道不如英文单词更能让日本人信服，所以此后改为"超级市场方式"，并且叫了很长一段时间。就像顾客到超市中购物一样，后道工序与前道工序之间也是只针对需要的物品购买需要的数量，这和"just in time"的理念不谋而合。这种购物方式使顾客在选购商品时可以考虑家里冰箱的容量以及自己的经济状况，结果日子就过得很经济，可以说这是最讲究生产率的方式之一。

沿街叫卖的小摊贩［日本商法中所说的外送（卖）

制度］，对顾客来说，感觉非常亲切，但是商品的成本也会随之增加一些。

例如，过去有卖豆腐的小商贩，他们大早上起来做好豆腐，然后吹着笛子沿街叫卖。豆腐非常新鲜，而且送到自家门口，所以大家都感觉很亲切。但是，如果主妇们一大早就准备好酱汤等着做豆腐，可是当商贩来到家门口时竟然发现豆腐已经全部卖完，这下可就慌了手脚。日本人的这种生活方式乍一看似乎觉得很方便，其实不太经济。

超级市场的理念则完全相反，顾客们需要自己乘车去购买所需的商品，这与日本的服务精神可以说是背道而驰。如果采用外送方式，若是主妇们只需要两根葱，一定不好意思开口，只好要一把，或许再顺便要个萝卜，结果就变得很不划算。日本的工厂里也面临同样的问题，各个零件部门一旦完成生产，就自作主张地送到工厂来，看似服务很周到，其实根本不考虑这边是否需要或者需要多少数量，这就导致了组装线附近经常堆满大量的零件，可以说这是非常不经济的工作方法。

如果在这方面做好改善，提高 3 倍左右的生产效率应该没有太大问题。如果用"just in time"的理念来考虑，前道工序到底准备多少数量的零件才合适呢？应该是后道工序取走的数量。如果取走10个，那么在他们下次来之前生产好10个就可以了。

第19章 大野耐一的现场管理

丰田独创的"看板方式"

在超级市场方式实施的最初,前道工序似乎扮演着补充的角色。组装部门拿走多少,在他们下次来之前,生产好同样的数量即可。那时候,我们使用一种被作业员们称为"看板"的传票,如果取走10个,就在上面写好,接着就可以当作这条生产线的生产指示,意思为"请生产10个"。对于前道工序,作为加工单位,由于涉及交货期限以及批量大小等问题,或多或少会遇到一些麻烦。不过如何将拿走的数量顺利地补充完成是作为前道工序最大的问题。因此,必须缩短换模的时间,因为若是花费了一个小时生产一种零件,可是又需要另一种零件的话,就无法实现"just in time",所以必须缩小批量,而缩小批量必须依靠快速换模来实现。甚至可以说,只要换模的时间缩短了,就可以达到"just in time"的理想。因此,如何缩短换模时间,就成了我们最关心的问题。

可是在当时的条件下，突然提出这个不合常理的问题，作业员们很难理解和接受。我自己也有很多担心，因为这种做法风险很高，结果也不敢完全肯定，一般说来不会得到上司们的同意。当时的丰田英二会长以及已故的齐藤尚一顾问却果断地接受了我的提议，让我放手一搏，因此他们二位可以说是"丰田生产方式"最大的支持者和推动者。

如果当时我不是在丰田汽车公司工作的话，其他公司可能不会允许我这么做，也就是说正是丰田汽车公司才让这种生产方式得以确立，因此我称它为"丰田生产方式"。不过，正式地称为"丰田生产方式"是在1961年左右，在此之前，由于考虑到风险很大，稍有差错就可能会导致公司的破产，因此我一直把它称为"大野方式"。

在最初实行丰田生产方式的时候，也就是想要现场做些事的时候，有很多人向我提出疑问，比如日产汽车怎么进行、这种方式在其他公司有没有过成功的例子，等等。当时我只能回答说，可能没有其他企业尝试过，即使有，我也不曾见过。总之，到1955年我一个人支撑着"大野方式",只能成功,不能失败,万一有什么失误,我已经做好了用剖腹谢罪独自承担责任的准备。而且,当时的阻力很大,因为从高层管理人员到一线的作业员们,对这种新方法都不是很了解,大家更是非常担心公司是否会倒闭。不过,我一直坚信,如果不推行这种方式,日本的汽车产业在世界上就不会有立足之地。

当时,产业界的焦点都放在如何提高单个作业员的生产率上,这也是丰田生产方式的核心内容。1973年,石油危机爆发之后,人们才从以往的如何增产转向关注减量生产,在此之前,多年来人们都只是单纯地认为通过增加产量来提高生产率才是最佳的方法。难道以同样的人数生产出 10 倍的产品不是更好吗?现在回想起来,这个道理其实非常简单。

虽然看板方式是从"just in time"发展而来的,但是当时我们并没有过多地考虑其间的联系,只是按照原来的工作方法,各个部门只要做好零件就往组装车间里送,现在不也有许多公司仍然这样做吗?其实只要反过来想想,即后道工序在需要的时候去前道工序去取,这不就是"just in time"的意思吗?

因此，当初推行看板方式的时候并没有遇到什么特别的困难。

当时的人都认为"just in time"只是个理想，不可能实现。后来他们把我的思路称为"不拘泥于常识"，其实，问题的关键就在于能否从各个不同的角度从反方向出发去看、去考虑问题。

小时候就经常听到大人们骂孩子死心眼儿，告诉他们其实很多事情不一定要从一个方向，而是应该从各个角度出发去看。之所以组装工厂总是要等到月末才能生产，就是因为前面各个工序的不配合。虽然他们将做好的零部件源源不断地送往仓库，而且都嚷着自己做得很好，但是在组装工厂里就是连一部整车也完成不了。发动机送来了几百个，可是方向盘却迟迟不到，或者说即使少了一个轮胎也不能够开工。可能正是因为我在组装工厂工作的缘故，才得到了这么多关于改革的灵感和启示。

看板方式的正式实行是在1955年左右，因为当时我还只是负责一部分的区域，所以只可以在我负责的区域内开展。当时我负责的是机械工厂，现在叫作机械部，那时都习惯以工厂来命名，包括机械工厂、组装工厂、车体工厂三个部门。除此之外，还有负责锻造、铸造和热处理的原材料部门，由另外一个人负责。结果，当时能够推行看板方式的只有我们这三个工厂。1962年左右，我被任命为本部工厂的厂长，原材料部门也开始由我负责，直到那时，看板方式才得以全面实施。

在此之前，由于负责人不同，即使是要求邻近的部门配合也是件很困难的事情。

1960～1964年这段时间，在我担任本部工厂厂长之前，曾经在元町工厂工作过。元町工厂中有可能推行看板方式的地方，我都极力地主张实施。不过有些零部件及原材料，由于必须从本部工厂送过来，就没办法要求了。因此，当时在本部工厂和元町工厂部分仍然保留原来的工作方式。为了避免供应商以及外包商的不解和混乱，其承包的零部件也是尽量拖延，到最后才采用看板方式。不过在元町工厂存在特例，因为有些供应商愿意配合。如果看板方式没有在厂内做好，是绝对无法要求外部供应商跟着推进的。

后来，我被调回本部工厂担任厂长，元町工厂改由其他人负责时,他说:"由于你的看板方式很不完善,给一些零部件工厂造成了很大的困扰,因此无法实施,只能中止。"因此,元町工厂有一段时期没有实行看板方式。

第20章 大野耐一的现场管理

从巴西工厂学来的换模锻造方法

在实际推行"just in time"的时候，首先面临的问题是换模，因为在缩小批量方面，最难实现的就是锻造，至于铸造就相对容易得多，只需要消除作业员们普遍认为的同一个零件连续作业效率更高的错觉即可。

所谓"热间锻造"，就是先把铁加热，等其全部烧红时再放入模具里面锻打。由于这种方法需要依靠高温定型，因此模具也必须要在达到很高的温度之后才能将原料切割成适当的尺寸。随后再用火煅烧，如果烧得过度铁就会熔解，而烧得不够又不能成型。此外，锻造过程中需要不断地敲打，这时会有氧化膜或是烟灰到处飞散，因此，在锻造车床上想要调整模具并不容易。

一般的做法是先把模具摆放在一个大概的位置，然后试打一个零件，再根据尺寸要求调整间距以及高度，打造两三个之后才能确定最终的位置，因此如果需要换模，可以说非常费时。

而且，从换好模具到制成成品，还需要很长的时间。因此，在锻造这点上，从计算的结果来看，如果不是大批量生产就会造成损失，所以锻造的换模问题一直拖延到了改革的最后。

当时，恰巧丰田巴西工厂引进了一台锻造机，准备自己生产全部零件。它们当时只购买了一台机器，必须依靠它打造出 60 多种零件。原因在于当时巴西厂的生产能力非常小，一天只能组装两三台汽车，可以说是全球最小的汽车工厂了，即使是现在月产量也只能达到 400 台，而当时巴西工厂的月产量只有 40 台，因此，它们根本找不到生产锻造零件的供应商。

在锻造行业，每个订单至少应该有 1000 个零件，否则没有人愿意接。如果只下单订两三个，不知道什么时候才能够排上锻造台。可是，如果 60 多种零件每种都下单 1000 个，就要在仓库里放上好几年。当时的巴西工厂，每天只需要两个左右，一个月下来才 40 个，如果订 1000 个零件，很难处理。而且，如果只下 1000 个的订单，供应商也不是很重视，也不知道什么时候才能排得上生产，说不定一等就是半年。如果这样做的话，公司肯定会出现赤字，这样是绝对不行的，因此，它们决定购买机器，60多种零件全部自己锻造。

由于他们每次锻造的数量不超过10个，而原来的换模工作需要1小时，所以在每天8小时的工作中，如果换8次模具，产量就等于零，因此，他们决定无论如何要把换模时间缩短到15分钟。换模15分钟，再花费15分钟打造零件，这样每小时可以完成2种，每天完成16种，60多种零件一个星期的时间就足够了。结果，锻造的换模方法我们还是向丰田巴西工厂去学到的。

幸好当时的巴西工厂是由日本人来当现场的主管。当日本人十分确信地下达命令后，当地的作业员也确信一定能够做到。如果是在日本工厂，作业员们可能就没有这么配合了。在巴西工厂的作业员们看来，面对一个长胡须凶巴巴的日本老头儿，只好乖乖地照做；可是在日本，作业员们打心眼儿里就认为不可能实现，因此结果很可能大相径庭。总之，最后巴西的作业员们实现了10分钟内完成换模工作的任务。

当然，我们日本方面也给出了许多建议，比如我们提议在机器外部先做好冲压模具的准备，也就是"外部准备"[一]，然后快速换模，这样几分钟的时间里就可以生产出产品。还有锻造时因为有烟灰飞散的问题，可能引起火灾，因此无法使用导向定位架，但是如果不使用导向定位架，第一个产品肯定会有问题，所以我们建议还是要装导向定位架。

不过，导向定位架可以只在换模的时候才放上去，锻造时立即拿开。外部准备之后，先加上导向定位架，而且高度也尽量在外部调整好，然后再换模具，这样就可以保证第一个产品没有问题。由于他们每次只生产10个产品，若是有一两个不良品，就非常不经济了。因此，模具都是在日本生产好之后送过去，而导向定位架则全部是在丰田巴西工厂生产。

没想到结果竟然非常顺利，一部锻造机成功地完成了60多种零件的生产任务，而且没有出现过一次生产中断的情况。

[一] 外部准备也叫作外部准备时间，是切换模具时的常用词。其目的是为了将机械在换模作业中的停机时间控制在最小范围内。外部准备时间与内部准备时间（即停机时间）是一对用语。——审校者注

最后，反倒是日本工厂要向丰田巴西工厂学习。我们派遣了几名日本人到巴西去学习它们的换模锻造方法，后来日本工厂也迅速地开展了起来。

这样一来，铸造也变得相对容易了。铸造是将熔化了的铁水注入模具中定型，因此在理论上应该可以做到根据不同的模具生产不同的产品，可是作业员们却总是认为使用同样的模具连续作业效率更高。不过，由于原材料的材质不同，如果细分开来，少量熔解，既浪费时间又消耗能源，因此作业员们认为不可行。例如一般的铸铁，熔解的批量很大，所以难免希望每次都多多生产。

日本丰田工厂方面，由于每次的订单量都很大，至少1000或者2000，所以其对细分材料以及换模都不是很在意。

而巴西工厂则不同，正如我们前面提到的，由于需求量很少，因此必须在这些细节上下工夫。例如在熔解方面，他们就先把相同的部分熔解好，再分别加入各个材料所需的添加物，这样就可以达到少量生产的目的，其实我们应该认真思考一下丰田巴西工厂的做法。

就这点而言,丰田巴西工厂可以称得上是"少量多种"的模范工厂,或者说试验工厂,丰田生产方式也是在这里得到了最好的验证。从目前丰田汽车的产量来看,即使不发挥丰田生产方式的优点也可以经营得很好,每款车型、每种零件都有专用的生产线,说实话根本不需要换模。在冲压方面,每进行5个、10个就需要换模的情况也在减少。因此,最适合丰田生产方式的地方,可能就是丰田巴西工厂了。

从量产可以使成本更低的思维方式来看,生产这么少的产品,无论如何也不可能盈利,可事实上,丰田巴西工厂却每年都在创造着相当可观的利润。

所谓的丰田生产方式,事实上从开始实施的时候,丰田汽车公司就已经是月产量3000～5000辆,而且有各种不同的车型,因此不能够称为"多种少量",至少是"多种中量",当然,也有产量较少的车型。因此,丰田生产方式可能更适合中小企业的经营和运作,如果公司已经达到了丰田汽车今天的产量,即使不使用这种方式,也可以很好地控制和降低成本。

第 21 章 大野耐一的现场管理

合乎道理才能称为"合理化"

在刚刚推行大野方式的时候，作业员们很难理解，我那时经常对他们说："如果你们不听从我的命令，就请到别的地方去工作，总之，你们不必担心改革的成败，所有的风险、责任由我一人承担。"

我虽然是当时的厂长，其实现在只能算是部长而已。当时厂里的制度规定是部长下令给科长，科长传达给系长，系长再传达给组长，因此往往很难准确地传达下去。仅仅依靠口头传达，在经过 10 个人甚至 20 个人之后，一定会变得面目全非。虽然我知道这种制度存在很大的问题，难免会在传达过程中夹杂个人的理解和意见，但是也无可奈何。有些时候我也直接向一线的班长发布命令，再由他传达给作业员，可是这样一来就有可能造成指挥系统的混乱。

这种管理方式潜在的问题很多。例如，如果是我直接发出的命令，接受命令的人就会很有干劲儿，可是，当他们的直属上司表示对此毫不知情时，矛盾就产生了。因此我要求作业员们在听从我的命令的同时，一定要向他们的直属上司报告。虽然命令是我下的，可是结果并不需要直接汇报给我。若是他们向我汇报了，反而会受到批评，我会责怪他们为什么不通过直属上司。另外，我也告诉那些中间管理者们，如果有自己的思路和想法，尽管放手叫作业员们去做，不过，如果我去看到不满意的话，还是难逃我的批评。

当时，任何地方都没有实行大野方式的先例，结果究竟会怎样也无从得知，因此，如果试验的结果好，我们就继续，如果结果不好，就立即改变。例如早上发出了命令，提出了一些要求，可是到中午去检查的时候发现结果并不好，这时就应该立即改变，不一定要等到"朝令夕改"。我经常对那些技术人员说，你们太固执了，没有听说过"君子豹变"吗？像豹子一样迅速地改变，这样才能够成为君子。

如果有其他地方正在实行大野方式，我一定会让作业员们去参观学习，方便他们理解。不过那时根本没有这样的公司，即使有，我也会要求作业员们更加精益求精，否则只会落后于人。

那时候，我们经常去日产汽车公司参观，他们也经常派人到我们公司来，两家公司之间的交流非常多。不过，作业员们每次回来，都只是简单地向我汇报日产是怎样怎样做的，我告诉他们说，请想出比日产更好的方法吧，如果只是去参观、效仿，那么就失去了学习的意义。不过作业员们总是这样，所以后来我就不怎么派人过去了，日产方面也不怎么来了。

日产汽车公司在第二次世界大战前就收购了美国的公司，而且听说还请到了美国的工程师做技术指导，因此在技术方面应该说非常先进。第二次世界大战期间，美国人全部撤走，取而代之的是日本军方，他们不懂技术，只是一味地要求加紧生产。战败后，虽然军方也撤走了，可是旧习难改，作业员们早已经习惯了对上司命令的阳奉阴违。

1956年左右，我第一次得到了去美国工厂参观学习的机会。在参观过通用、福特等几家美国汽车公司之后，我的感觉是它们的工作方法并没有什么特别之处，一切似乎都是理所当然。但后来才明白这只是我的一种感觉，其实越是没有什么特别的做法，越是让第三者感到理所当然，就越说明它们的生产线设计非常合理。反而是那些感觉有些特别的地方，一般都或多或少地存在着问题。因此，如果你有机会到工厂参观，若是感到新鲜特别，事实上可能并没有什么大不了，反而是那些平凡的，甚至让你怀疑有没有参观价值的地方，可能才真正进行得很顺利。

不提出任何意见，全盘接受那些感觉上理所当然的事，对日本人来说可能有些困难。越是简单的事越难做到，因此，所谓的合理化，就是说应该做得合情合理，不会让别人感到惊讶。例如，圆形的物体就应该滚动着前进最省力，而重量过大的物品就应该在下面加设滑轮。

一旦完全实现合理化，就会让人感觉到一切都简单易行、顺理成章，因此，我们不要把合理化想得过于困难。嘴上说着已经实现合理化了，却仍然忙着减少库存以及半成品，这本身就是件矛盾的事。因为若是已经实现合理化，就不会有半成品；如果只需要一个零件却有了两个，这本身就是不合理的表现。

第22章 大野耐一的现场管理

机器应该能够随时被停止

自働织机的"働"在日文中带有偏旁部首,不同于普通的"动"。如果生产的是不良品,就不能够称为有价值的"働"。因此,所谓"自働化",就是指机器可以在不良品出现的时候及时停止,也就是说阻止不良品的出现。若是任不良品随意生产,就不能够称为"自働化",这便是这"动"与"働"的最大差别。

让机器随时停止的想法就源于"自働化"思想。我在学生时代的时候,就听说过"设有自动停止装置的机器才能够称为自働织机"的定义,并且一直停留在我的脑海里。当时我所学的专业是机械,不过也选修过一些关于纺织的课程,就是在这些课上听到了关于"自働"的定义,而且直到现在我也非常赞同。所谓自动停止装置,可能类似于现在的传感器,这从另外一方面也说明如果机器无法及时停止是不行的。这个"自働"的概念在我脑中搁浅了数十年,后来终于得以发挥释放。

当时的自働织机制造厂恰巧建在我所就读的名古屋高等工业学校附近,所以我们学校纺织系的老师对自働织机的研究可以说是非常深入和独到的,因此这个关于"自働"的定义在其他学校可能很难听到。其实,即使工厂里的机器没有自动停止装置,也应该依靠作业员们来实现。例如在组装工厂里,传感器可能无法发挥作用,这时就必须依靠作业员,要求他们在发现异常的时候按下停止按钮,这样一来,普通的生产线也就"自働化"了。

我曾经去一家公司进行指导,结果他们的厂长后来抱怨我只是一味地告诉他们停止、停止,关于如何生产却只字不提。其实最重要的就是让作业员们明白什么情况下需要停止,以及停止后应该怎样查找原因,考虑对策。因此我说"自働化"的第一步就是如何停止,如何在检测出不良品的同时让机器停下来。丰田的组装生产线就实现了"自働化",虽然机器本身无法自动检测,可是作业员们在这方面的意识很强。一旦他们发现异常,就会立即按下按钮,因为他们知道不良品会给公司带来很大损失。因此,最后的关键还是落在了怎样让生产避免停止的问题上，这样一来也促进了品质的不断改善。

外国人到我们工厂参观的时候，感到最不可思议的就是一线作业员们竟然可以如此随意地停止生产。这种现象在世界上的其他地方几乎没有，即使在日本也很少见。不过和丰田有合作关系的一些公司，如日野、大发等，我们也建议它们安装停止装置，而且后来它们还实现了不用按钮就可以自动停止。大发等公司的生产线就是这样完成了从人工停止到自动停止的转变。

因此，我们需要思考的问题就变成了设法不要让生产线停止。在这个想法实施的最初，元町工厂的管理者甚至对作业员们说感觉到累了的时候也可以停止生产。可是组长或班长们却一直在抱怨为什么让作业员做这么辛苦的工作。因为作业员们只有在发现不良品的时候才可以按下停止按钮，而我们想出了很多办法来降低不良品率，因此他们经常是想按停止也没有借口。

安全和品质可以说是生产的根本。众所周知，不良品的出现会导致成本的增加，因此降低成本的最基本方法就是做好品质管理。1955年,当丰田汽车公司面临必须降低成本的困境时,我们发现首先需要做的就是减少不良品,不良品减少了,生产成本自然会大大降低。

第23章 怎样以低成本生产

大野耐一的现场管理

丰田汽车公司在刚刚生产轿车的时候，推出皇冠品牌，售价超过了100万日元。当时的石田社长甚至被叫到国会批评，说日本的汽车价钱太贵了。相当一部分人都认为，日本没有必要生产自己的轿车，从美国进口不是更便宜吗？因此，当时我们最重要的任务就是降低成本，日本的汽车太贵了，必须把价格降下来。

早在1949～1950年的时候，当时日本银行总裁一万田先生就提出，日本不需要自己生产轿车，从美国进口更加有利。那时我们公司正处于举步维艰、濒临破产的境地。

正因为以上这些原因，降低成本便成了丰田汽车公司的最高使命。从第二次世界大战之前开始，人们就普遍认为在日本生产轿车不符合经济效益。因此，我们必须首先考虑如何提高生产率，如果生产率可以提高到 10 倍以上，那么至少在工资方面就可以达到美国的水平。

以当时的市场状况来看，希望通过大量生产来降低成本的方法根本行不通。1949 年左右，丰田汽车公司濒临破产，每月生产 1000 台汽车都无法销售出去。由此可见，当时的日本经济也是非常不景气。因此，我们当时决定推出"重建计划"，既然月销售量达不到 1000 台，那么就干脆将生产定在 1000 台之下，我记得最后定在了 940 台。不过幸运的是，在公司全力准备重建时，恰巧赶上战争，我们得到了许多美军军用车辆的订单，这挽救了不堪一击的丰田。

在此之前，月生产 1000 台都销售不出去，若想生产 3000 台简直是痴人说梦。因此在重建计划中将生产定在 1000 台之下，而且并不是每款车型都一样，例如轿车的生产我们就订在了 60 台，所以，因售价超过 100 万日元而被批评也算是正常，现在看来真是不堪回首。

当时的情况是如果某个月生产了 1000 台轿车，没有销售出去，那么公司马上就会破产。不过当时的神谷社长却坚持说，如果希望丰田汽车走向世界，必须月产 1000 台。我们当时还为了怎样能够将产量提高到 1000 台而大伤脑筋，要是放在现在，几分钟之内就可以完成。

丰田生产方式虽然在实施的最初就得到了很好的效果，可是，如果此后公司的产量和销售量持续增加，很可能不会有人注意到丰田生产方式。1973~1974 年石油危机爆发，所有企业都被迫减产，经济非常不景气，可是丰田汽车公司却可以保持利润连年增长，因此备受关注。

如果没有遇到石油危机的困境，丰田生产方式很可能会逐渐趋向美国模式。因为若是丰田能够像美国公司一样月销售量达到几万台，每三年就需要转变车型，那么可能不断地追加设备投资都嫌不够。

在看板方式实施的最初，经常有大发公司的人过来实习。其中就有一个人指出，不能只生产需要的数量，不是还有剩余的原料吗？而且作业员们也闲着，难道不应该继续组织生产吗？我当时就回答说，不是这样，我们只生产必要的数量。不能因为还有原材料就继续生产，只需要 100 个却生产了 120 个，这对公司来说必然是损失。如果需求量是 100，只生产 100

个就足够了。为了能够完成100个的需求，作业员们已经汗流浃背。不过在第二次世界大战期间，也曾经发生过一上午就完成了所有的工作，下午作业员们都放假回家的事，结果引发了很大的问题。

因此，虽说只生产必要的数量，但如何把这些数量看作一个过程，并且让作业员们在这个过程中充分地投入工作，这才是问题的关键。若是在3点左右就完成了工作，一定会有人提出，既然还有时间和原材料，还不如继续生产，否则不是浪费吗？事实上，最经济的工作方法是，如果需求量是100个，那么就以5点为界线来生产，让每个作业员负责更多的工作。丰田生产方式的根本理念就是"必要的产品，只在必要的时间生产必要的数量"，其实有一点没有写出来，就是应该尽可能地降低成本，这样就不会给人"已经完成了"的感觉。因此，丰田生产方式应该总结为**"必要的产品，只在必要的时间以最低的成本生产必要的数量"**。

虽然不能把"成本最低"当成首要目标，不过降低成本的方法却有很多。如果在下班之前可以完成120个，却因为只需要100个而减产甚至停工，这也等于增加成本。

丰田生产方式最难之处就在于，如何针对所需的100个数量，研究出低成本的生产方法。在"just in time"的前提下，如何做到成本最低，这是值得所有人学习的课程。

如果把"最低成本"当成首要目标，就可能会出现生产过剩、生产不足、生产时机不当等问题。可是在同样要求追求低成本的丰田生产方式中，无论进行到什么程度，都是无止境的。

不过，在生产过程中难免会发生各个工作部门配合不当等情况，如这个部门3点左右就已经完成工作回家休息，而那个部门却需要加班两个小时。如果这时还说"已经完成改善了"，那么成本也必然会增加。前面提到的限量经营，也正是以一定的生产数量为前提，在这个生产数量下追求成本的最低。这正是丰田生产方式的关键所在，忽视限量因素，顽固地认为必须通过量产来降低成本，或者认为既然有5个作业员，那么生产100个还不如生产200个，这都不是真正意义上的丰田生产方式。

大野耐一
的现场管理 | 第24章

不引进时下流行的机器人[一]设备

1974年第一次石油危机之后，才出现"限量经营"的说法。在此之前，生产多少都可以销售出去，因此，所有人关心的焦点都放在如何通过量产来降低成本，这也比较容易做到。石油危机过后，汽车销量曾一度一蹶不振。事实上许多行业都受到了冲击而被迫减产，可是与汽车制造相关的这些企业却不愿相信这个事实，因为它们从来没有想过减产的问题。它们总是认为只要能够拿到订单，提高产量才是最重要的，至于成本是高是低倒不是很关心。极端地说，很多人到现在仍然持这种想法。

1982年年初，汽车行业面临着贸易摩擦的考验。由于出口受到限制，很多人就认为只要国内销路好也影响不大，可是国内市场总不可能无限制地扩大，因

[一] robot，在汽车生产中常用的机器人（机器手）设备多指焊接车体及铁板零件的"机械手"焊机。——审校者注

此，在这种汽车产量受限的情况下，如何以更低的成本进行生产就成了企业突出重围的唯一途径。不过，大多数企业的经验应该都是在量产的前提下降低成本。

因此，最重要的问题还是回到了如何降低成本。如果脱离了这个根本，觉得只要通过引进机器人设备或者自动化实现高性能化就好，这就太可笑了。可是，大多数人只是认为引进机器设备可以提升企业形象或是减少人工，至于成本是否会提高则不是很关心。

可能有人会认为我们反对使用机器人设备，其实不然，无论机器人设备还是计算机技术都需要不断进步，我们只是希望在引进机器人设备或者计算机的时候不要忽视成本因素，这种想法可能会让机器人设备厂家很不高兴。

有一位英国人曾经提出，包括机器人设备在内的自动化，极有可能在2000年的时候被全面禁止。随后又有人提出，这就更应该赶紧引进一定的数量，免得在想使用的时候因买不到而苦恼。

而与此观点相反，中国正在大力推进现代化，尽管有人对此提出疑问：为什么连日本都用得不多的机器人设备，中国就非用不可呢？但像中国这样思考的人仍大有人在，那么为什么非要用机器人设备不可呢？仅仅是为了实现现代化而大力引进，这就有些不对劲儿了吧。现在的日本，机器人设备的销路非常好，不过企业在购买的时候，最重要的是不是还应该考虑成本因素呢？若是在无论生产多少都能够销售出去的时代，引进几台机器设备算不上什么，因为它们的使用确实有助于降低成本。

使用机器人设备可以减少人工，如果是以人工来计算成本的话，确实可以降低成本，而且危险系数很高的工作也可以交给机器人设备代劳。不过，若是为了追赶流行，而引进高价的机器人设备，那么就很可笑了。

若是基于需要，确实需要发展自动化和机械化，那是合理的；可是如果没有这个需要，就应该慎重决定，这非常重要。丰田汽车公司和丰田合成公司很早就开始呼吁这点，不要因为可以使机器自动运转就盲目购买，自动化的推进需要一定的顺序。虽然这点很难，可是也一定要努力做到，若是只因为好奇而发展自动化就很麻烦了。虽然是基于需求而购买，不过也很容易变成面子问题。就好像有段时间里很流行钢琴，看到邻居家买了，有人就会想，我都当科长了，女儿连台钢琴都没有，真是很丢脸，于是不管孩子有没有兴趣都去买回一台，这种碍于面子的做法就很不合适。不过，对于出售钢琴的人来说，不管什么理由，只要卖得出去就会非常高兴。

引进机器人设备，首要的需求因素应该是降低成本。其次就是针对危险性很高的工作，即使会在某种程度上牺牲成本，出于对人权的尊重，还是应该采用。可是有些工作机器人设备无法代劳，因此必须由作业员们亲自去做。不过，若是由于担心成本增加而硬是让人去做危险的工作，这种无视人权的做法就不可行。特别需要注意的是，那些工程师们虽打着改善的旗号，却像游戏似地推行自动化，这确实很令人恼火。

若真是因为人手不够，与其增加人手倒不如引进机器人设备，通过成本核算很容易得出结论。不过，若是因为高龄化而改用机器人设备，并且让高龄的作业员们去管理机器人设备，那么就会使成本增加了。

有人认为，现在日本的工资水平逐渐提高，整个社会也呈现老龄化的趋势，因此为了解放劳动力，依靠机器设备组织生产的时代即将来临。人们因为立场不同，所以考虑问题的出发点和结论自然有差异。比如劳动省就认为机器人设备可以取代劳动者的工作，虽然这可能有些异想天开，不过一些人正是因为流行而引进机器人设备，以致劳动者失去就业机会，这就犯了一个很严重的错误。在美国，由于劳动者总是喜欢抱怨，要求老板们加薪，而机器人设备却只是默默地工作，因此即使失业率不断攀升，他们也更加倾向于使用机器人设备。这些企业的想法自然有其道理，不过从整体来看究竟会造成什么结果却值得我们深思。

第 25 章 | 大野耐一的现场管理

工作就是和下属比智慧

在领导许多下属进行工作的时候，一方面应该严格要求，另外还有一个很重要的方面，我认为不是发布命令或指示，而是和下属比智慧。我经常对管理者们说，在下达一个命令或指示的时候，自己必须首先接受。并且，管理者们在和下属比智慧的过程中如果输了，就应该爽快地承认。

不过，当上上司之后，总是难免将自己的想法、愿望当作指示或命令传达下去。自己不加任何思考，就对下属说，你是这方面的专家，由你自己决定吧，或者说这样做不行，等等。当下属反驳说无法完成的时候，自己又想不出办法，所以我劝管理者们不要发出这种命令。不要对下属说类似于"我负责的范围太广、时间太忙，你是专家，所以自己解决吧"之类的话。

如果在和下属比智慧的过程中输了，也应该爽快地承认,这样才会得到下属们的尊重,服从你的领导。他们可能会发牢骚,不过只要承认自己错了,还是能够让对方信服的。

应该与下属同甘共苦,一起考虑解决问题的办法,并且尽可能地多为他们提供建议。下属们可能会提出他们经过尝试失败了,事实证明行不通,这时,身为上司应该为他们提供一些建议和思路,帮助他们尽早走出困境。在他们成功时,就应该夸奖说你们做得非常好,这么好的主意我怎么没想到,等等,总之,需要从对方的角度出发来考虑问题。

最重要的还是需要增加自己的学习内容,或者说自身修养,也就是要考虑怎样领导下属,这点往往不太容易被理解。应该根据对方的性格改变自己的态度,因为每个人的性格都会有差异,同样的命令,有些人可能会欣然接受,而另一些人则很可能充耳不闻。

"请服从命令!"这句话往往很难说出口,不过,若是下属们真的服从了命令,我们就必须负责到底。我们应该时刻以生产现场为主,在刚刚推行丰田生产方式的时候,我也曾说过"不服从命令的人请到其他部门工作"的话,不过,对于留下来帮助我的人,我真诚地感谢他们的帮助,并尽力给以回报,否则他们随时都有可能离职。因此,作为管理者还真是不容易。

大野耐一
的现场管理 | 第 26 章

没有主管的事务现场

所谓现场，现在大家都认为事务性的间接生产部门以及生产现场都一样。不过从"现场主义"观点出发，事务性的间接部门就是事务现场㊀。生产现场一般比较容易一目了然，可是事务现场的管理部署等工作就相对难以把握了。工作怎样才能做得更好呢？是不是非完成不可呢？尽管管理者们已经很努力地工作，我们还是很难判断其工作的效果。而且，事务现场的管理者们似乎都缺乏"主管"的头脑和智慧，只能称他们为一般管理者。在事务现场，缺乏主管是不行的，而所谓"主管"，最重要的是必须懂得怎样指导工作。

如何判断主管的工作成果呢？日本自古以来就有所谓主管不是负责监督具体工作的说法，也就是说这

㊀ 在日本，通常将工厂分为"生产现场"和"事务现场"两部分，"事务现场"是指所有间接生产的部门，包括销售、财务、行政管理等。——译者注

项工作内容是多余的。不过，生产现场以及事务现场的人似乎都误解了这点。主管首先需要监督工作的进度，若是拘泥于此，就必须要进行改善了。

在我看来，作为主管似乎更困难一些。作为管理者，具备丰富的专业知识即可，可是主管们不仅需要专业知识，而且需要具备指导工作的能力，否则就不能够称为合格的主管。由于管理部门的工作是无形的，所以很多人认为那里不需要主管。

现在，丰田纺织公司的管理非常严格，结果却只是专注于作业员们的动作是不是足够迅速等方面，这是不可行的。他们可能会炫耀地说自己作业员的动作有多么多么快，其实这根本不是工作的内容，若是过度地以动作快为豪，就会延误自动化的发展。或许有人会提出，与其动脑去想那些莫名其妙的代替方法，还不如让作业员们加快动作更有效率，或是认为作业员们动作太慢了等，其实这就是只懂得监督动作，不懂得监督工作。

在职业棒球领域也是一样，作为监督的教练的作用非常大。对棒球一窍不通的人自然不能作为教练，不过，年轻的时候曾经是最佳选手的人也未必合适。

身为教练,必须熟悉每一位队员的情况,从性格到技能等各个方面,这样才能够在比赛现场镇定自若。当教练提出的策略与选手的意见背道而驰时,如果他们只是一味地发脾气大骂,那么结果注定是要失败。同样道理,在生产现场或是事务现场,最重要的也是培养优秀的监督人员。

然而白领阶层往往可以平步青云,或者在轮职制度下顺利地发展,至于他们的工作成果,往往没有太多人去关注。在某个部门工作几年后就调去其他部门,他们的工作绩效大家都不是很关心。

因此,无论主管还是管理者,都不会去努力思考如何超越前任的人。这点和公务员的心态有些相似,只是希望在任期内不要有大的错误发生,之后就会调到其他部门去当科长,随后又有可能会晋升为部长,至于在其任科长期间做了多少工作,是否减少了两三个人的工作,也没有人去注意。在丰田汽车公司也是这种情况,管理者们虽然口口声声地喊着合理化,可是竟做一些无效率的事,结果反倒更加不合理。真正的合理化,根本不可能以某个科长或部长是不是带领了很多下属、是不是做了很多工作为衡量标准。

前一任科长使用50个人来完成一项工作，在我的任期里一定要减少到40人，难道不应该具有这样的魄力吗？不过，前任科长一般不会回来考核现在的工作状况，无论你是否达到了40人或45人的精简目标。他们一般都会说去年的工作不错，今年也很好之类的话。这样的腔调只能说明他们不求上进，不过他们的工资却提高了，一问才得知是工会的照顾，这就让人很苦恼了。

大野耐一的现场管理 | 第27章

合理化要不断地进行

很多人都认为,不断地在生产现场推进合理化,迟早会有达到极限的一天,而事务现场的合理化进程则相对缓慢。其实,无论何时,生产现场都仍然有继续进行合理化的空间,只是拿付出的努力与合理化的效果相比,其比值减小了而已。

到了改善的最后阶段,不管怎样努力也很难提高,哪怕是1%。这时大家可能都会认为已经到了极限,其实,我们可从另外一个角度——均衡化㊀的角度来考虑问题。在均衡化方面一定有继续改善的空间,比如调整顺序就会得到更好的效果。

特别是在装配线上,这点表现得更加明显,因为在生产现场一般只考虑装配数量的多少。事实上,组装部分需要动用大量的零件,因此,每个零件方面很

㊀ 即日文的"平准化",中文的精益生产书籍中也有直接使用"平准化"一词的。均衡化生产是相对批量生产而言,即把所需产品种类与数量均衡地进行生产。——审校者注

容易以自己生产的数量多少来衡量绩效。的确，若是单纯依靠数学计算，每部分需要多少数量可以确定，完成之后，就会觉得没有改进的余地了。甚至于只需要100个产品而生产了120个，还自以为这是合理化的结果，促进了生产率的提高，这更是错上加错，真正的合理化应该是设法使用更少的作业员去完成100个产品的任务。

从整体出发配套生产才是最重要的。在会计计算上，或许配套生产的成本较高，因为有些零件需求很少，单价很高；不过，若是从实际完成的效果来看，不难发现事实上这种做法的成本更低。例如，本月所需的发动机已经提前完成，而且生产现场的操作也非常精炼，给人的感觉似乎是效率非常高。可是，由于驱动齿轮还没有到位，所以还是无法组装整车。因此，应该在完成一个发动机的同时，也完成与之配套的驱动齿轮、前后轮、转向盘、车体等。如何控制相关的一系列生产流程，这才是生产管理的内容。

从单个零件的生产来看，例如生产齿轮，可能管理者们认为生产进行得很好，只需要考虑是不是需要改换机器人设备操作或者是不是需要增加作业员，等等。其实，问题的关键在于如何与其他零件的生产做好配套，因为各个零件组合在一起才能称为商品。"只卖好卖的产品"这实际上很简单，根本没有人们想象的那么难。

因此，需要从配套生产的角度出发组织生产，生产过剩经常会带来很多麻烦。不过，由于这点无法由计算得出，所以很容易被忽视。

生产过剩或者生产过早，实际上不仅仅是浪费的问题，而是对公司的损害，从这个观点来看我们还有许多可以进行合理化的地方。不过，如果单纯地依靠会计计算，往往会认为已经非常合理，已经没有可期待进一步改善的空间了。

因此，与其汗流浃背地生产120个产品，还不如生产100个对公司来讲获利更多。这个观点一直很难被人们接受，不过，如果真的有多生产20%的能力，公司就应该反省是不是人手过多了。

从上面的观点来看事务部门的工作，问题还真的不少。

第 28 章 | 大野耐一的现场管理

困境激发智慧

如果我整天躲在像会长室之类的办公室里,怎么也无法掌握生产现场的情况,所以我经常到生产现场或者生产管理部的大办公室里去看看。不过,我发现一个怪现象,我每次去巡视的时候,那里的女作业员们就赶忙装作打电话的样子。虽然她们看起来似乎很忙,可是到底是不是在工作,我也无从知晓。我发现只是在看到我进来了之后,她们才忙着打电话,可能是害怕我的批评。虽然她们自己觉得是在忙碌着,可是我却只看到她们的眼睛看着远方,不知道在说些什么,后来我发现她们多是在谈些私事,找一些不相干的人聊天而已。

所谓现场,不仅仅是指生产现场,事务性工作的现场也是现场,许多管理者都认为只要不让大家感到无聊就好,或者即使感到无聊只要没有意见就好。其实,他们应该做的是不断地检验现在的工作,只有通过不断地检验才能激发出智慧。

前面提到过"比智慧",所谓智慧,我认为必须在困境中才能激发出来,因此,必须要想办法让大家感到身处困境。

不仅人类如此,其他的动物也是一样,只有在困难时才能迸发出智慧的火花,所谓"生活的智慧"就是这样吧。

怎样才能让大家感到身处困境呢?自己也要一起加入,只有这样,才能共同孕育出最理想的解决方案。

所谓"比智慧",具体说来就是如何让下属们感到身处困境,甚至于感到生死存亡,这时才会想出最好的办法。虽然让他们感到生死存亡,可是在下属们汇报说无计可施的时候,身为管理者,绝对不可以说"是吗,知道了"之类的话,因为这样一来就不会让他们感觉到压力。这时应该十分肯定地说:"不许说做不到!"这样才可以激发他们的潜力和智慧。管理者们也必须参与其中,大家共同奋斗,一起思考摆脱困境的方法。

这样,管理者们也就渐渐成为有魅力的人。

在汽车行业，男性居多，如何才能具有吸引力呢？俗话说，情人眼里出西施，可是在男性之间，如何才能做到引人注意，这也是管理者们应该努力思考的问题。大家一般都只注重吸引异性的目光，而忽视同性的偏爱，我们应该努力，让同性的下属也能够甘愿为我们赴汤蹈火，付出一切。

我们要努力成为受人尊敬和爱慕的上司，无论下属是男还是女，都能够对我们发出的命令言听计从。因此，我认为应该经常在生产一线露面，尽量拉近和下属的距离，免得她们总是以打电话为由来逃避。这点说来容易，可是如果希望真正做到在领导视察时下属都亲切地欢迎，就必须认真地思考让她们不假装打电话的方法。

第 29 章

成为值得信赖的"亲人"

对于一般的作业员,我从来不发火,但对于主管以上的人员,我却经常大发脾气。生产现场其实很适合发火,因为周围非常吵,你说什么主管们也听得不是很清楚。不过,在生产现场对主管们发火,却可以引发作业员们对自己顶头上司的同情,这样一来,他们的监督管理工作也就更容易进行了。若是把他们叫到没人的地方来批评,反而没有这种效果。因此,我总是当着作业员的面大骂,即使管理者们没听清我批评的话也无所谓。因为在我大骂管理者的时候,一旁的作业员们会想一定是因为他们自己所犯的错误才导致上司被骂,所以今后会更加服从上司的指挥。我在刚刚开始做管理者的时候,前辈们就曾经对我说,父母不可以在外人面前批评子女,要叫到没有人的地方;身为上司也一样,绝对不能在作业员面前训斥下属,可是我的做法却恰恰相反。若是真的纠着下属的错误不放，他们一定会辩解或者反抗，不过，我批评的一般都是一些无足轻重的小问题，即使很大声地责骂，他们也不会感到难堪。当然，当众被批评，一开始谁都会不高兴，可是当他们发现自己的领导力由此增强了之后，自然就会欣然接受了。

生产现场需要的是长期的患难与共，因为现场都是直接从事生产的一线作业员，要想让他们卖命地工作，没有值得信赖的上司不行。假设他们的顶头上司是组长，那么组长就不应该经常更换，如果需要将组长提升为职长，也应该让其继续负责原来的生产线，给其更广的权力范围，这样才会取得作业员们的信任。如果顶头上司每隔一两年就更换一次，作业员们就会觉得没有人值得信赖，没有人给他们撑腰。身为上司也一样，如果经常更换职位，也会失去下属的信任。

在白领阶层中间，由于每个人都觉得可以凭借自己的实力升迁，所以他们之间就无依赖而言。在工厂里，即使到退休的一天，顶头上司也会为下属们做好安排，让他们无后顾之忧。

如果顶头上司不断更换，有人会认为即使他们努力工作也没有人去衡量，新来的上司迟早又会调去其他部门，接下来又不知道换成是谁，还是没有人照顾他们，因此他们不可能拼命地工作，生产现场也会失去活力。他们想着自己只不过是个普通职工，每天只要能够完成工作就好，反正上司迟早又要调走。这种做一天和尚撞一天钟的心态怎么可能实现最佳的生产效率呢？从长远来看，这与拼命工作的结果一定会截然相反。

有一次，我故意让人把生产现场的技术工程师叫来，结果，他听到女作业员说厂长找他，立即就过来了。这时我对他说："如果真的有急事，我一定会去现场找你；你听到我找你，这么快就过来了，说明现场根本就不依赖你，若是你在现场努力地工作，一定会有很多人缠着你，即使厂长找你也脱不开身，不可能立即过来；或者说回来，我要是真的有急事，自然会过去的，不可能让你气喘吁吁地跑过来傻站着。"我就是这样批评他没有做到让生产现场完全依赖他的。

到生产现场检查的时候，我一般都会提一些意见，这样作业员们才会觉得我了解生产，为他们着想，他们才会期待我下次再来。有了这种期待，之后他们就会主动要求我提意见，并且按照我的意见努力工作。

若是检查工作的时候一言不发，作业员们就会觉得这个厂长什么都不懂，来了也没关系，他们就不可能十分努力地为你工作。

去工厂检查的时候，必须要求自己花几个小时的时间去走100米的生产线，如果你一下子就走完了100米，这样谁也不会依赖你了。

作业员们通常都是站着工作，不要一看到他们坐下休息一会儿就大发牢骚，只要不妨碍工作，反而应该劝他们坐下来操作。这样他们的心情会更加愉快，而且会到处宣传自己的上司有多么好，多么体谅大家。其他部门的作业员听到之后，自然会非常羡慕，希望来到你的手下工作。这样一来，你再次去工厂检查时，想要迅速地走完100米生产线也不可能了。

第30章

整理・整顿・清扫・清洁・教养[一]

处理掉不需要的东西称为整理,需要的东西可以随时拿到称为整顿,将需要的东西整齐地摆放好只能称为整列,在生产现场的管理中,我们必须要做好整理整顿的工作。

虽然许多工厂都在强调整理整顿,不过,说来容易做来难,实际上在大多数工厂都很难推行。

之所以谈到整列,是因为有一次我去某家工厂考察的时候,看到他们连最基本的材料进出仓库的顺序都不懂。特别是外部供应商送来的零件,不管多少,全部入库保存。另外,对于那些因设计改变而需要报废的零件,也是只要做好了,就堆放在仓库里。因此,若是生产线上希望取走一批零件,就需要等待

[一] 5S管理起源于日本,是一种管理生产现场的方法。由于整理(Seiri)、整顿(Seiton)、清扫(Seiso)、清洁(Seiuketsu)、教养(Shitsuke)的第一个日文假名的罗马音都是以"S"开头,故被称为"5S管理"。——审校者注

很长的时间。虽然我当时就对他们说必须立即进行整理整顿，可是，在我第二次去的时候，发现他们只是将零件全部整齐地摆放好了，这时我才发现他们没有弄清楚整理整顿的意思。所谓整理，就像精简人员一样，处理掉不需要的东西。像他们这样不管有没有用，只要生产完了就全部堆放在仓库里，即使堆放得再整齐，也不能够称为整理。

而所谓的整顿，从字面上来看就可以得知，强调的是"顿"，就像古时候有顿服的药，吃下去之后立即见效，所以整顿的意思就是做到需要的东西可以立即拿到手。需要一种零件，明明仓库里有，可是因为不知道放在哪里就是不能及时拿到，那么就不能称为整理或者整顿，而只是整齐地摆好而已。

曾经参过军的人都知道，整齐地排列好就称为整列。如果要求排成两列，整整齐齐地按照既定的位置站好就行了。不过，站好之后，若是要求整顿，战士们就不知所措了。事先画好一条线，要求不能超越这条界线，或者说规定零件堆放的高度，这就算不上整理整顿。我们把整理、整顿、清洁、清扫称为4S，虽然整列的开头字母也是S，不过没有把它算在内。

过去，丰田汽车公司也是只做到了整列。那时我们曾经举办过4S竞赛，每年一两次，由上层的干部们到各个工厂去巡回检查，对整理、整顿、清扫、整列工作做得好的单位进行表彰。不过，最初的时候仅仅局限在了整列方面。整理往往将先入库的产品堆放在最下面，结果就像腌萝卜一样，等到需要的时候，必须要搬开上面所有的东西才行。这根本就算不上是整顿，丰田汽车公司后来渐渐明白了这一点，所以逐渐转变为真正的整理整顿。

提到清扫和清洁，最差的做法就是使用了大量的油漆，还以为达到了色彩上的整洁就算行了，实际上我们要追求的是整洁、干净，这才是最重要的。至于清扫，由于工厂里会产生大量的粉末和灰尘，所以必须彻底打扫干净。战后初期，受美国文化的影响，流行过一段时期所谓的色彩搭配，比如各台机器要涂上不同的色彩，这与我所提到的清洁后的整洁是不一样的。另外，在"5S"（整理、整顿、清扫、清洁、教养）中，"教养"是相当重要的。

提到"整洁"，虽然有很多种解释方法，但我认为最终是要达到改善工厂环境、让大家愉快工作的目的。所以，大家不要觉得清扫是清洁工的工作，对周围的环境漠不关心，工作环境的改善需要大家的共同努力，否则无论清洁工怎样打扫，还是会又脏又乱。

最后，我们来谈一谈"教养"。5S中的最后一项内容就是教养，它的重要性甚至在整理、整顿、清洁、清扫之上。提到教养，很多人认为就是教育，虽然有很多种看法，不过我认为它是在教育之上的一种修养。可能实际生活中想要做到有教养很难，可是，如果不用心努力去做，只可能越来越糟。比如在高尔夫球场上就很讲究礼节，即使再三强调，还是有很多人不遵守。若是放弃教导的话，结果可能更糟。现在的学校教育仅仅偏重学习能力，对教养的培养越来越疏忽。不过这点在运动员中间就做得非常好，他们对长辈或者同事十分尊敬，因而可以说教养很好。但是，除了运动员之外，其他行业的人似乎都只在乎学习能力的提高，其实，如果不进行教养的训练，迟早会出现大的问题。最近，在中学里经常会发生暴力事件，就是因为孩子们从小就缺少教养，家长们放手不管，才会导致这种问题的发生。在团队工作中，大家必须遵守最基本的教养，否则工作将无法顺利进行。

教养必须从身边的小事做起。如果把大家召集在一起学习，就像小学时的修养课一样，那就失去了教养本身的意义。不过，现在连小学里的修养课都已经被取消了，所以修养只能依靠家长的教导来实现。现在大部分是双薪家庭，孩子们也整天被锁在家里，再加上学校又不开设修养课，所以孩子们的修养就越来越差。而且，那些没有修养的孩子又当上了家长，这么一来，他们的孩子在这方面就更加缺乏了。不过，大家也不必把修养看成多么难的事，只要在日常生活中多多注意就行了。我们可以通过家长、同学等不同的人群，通过各种形式来学习和锻炼修养、品行。相反，如果只是把大家召集在一起学习一两个小时，没有实际的指导，那么也不可能做到真正有修养。

我们需要那些爱唠叨的人，如果这样的人越来越少，没有人提醒我们的行为，那么一定会出现大问题。

现在的人一般都不愿意唠叨，这是很麻烦的事，教养就是需要上司或者长辈们对错误的地方加以批评，如果大家都视而不见或是缄口不言，那么根本就达不到效果。

第 31 章 | 大野耐一的现场管理

改善应该按顺序进行

所谓作业改善，就是能够让现有的设备更好地发挥作用。在改善的过程中，首先需要考虑的不是购买设备，而是最佳的工作方法。

我们应该找出让现有设备更有效运作的方法。虽然现在的设备越来越发达，而且工厂里也会经常引进新的机器，不过，即使新机器入厂，还是需要我们去努力发现让其更加有效运作的方法。

在引进机器人设备之后，如果只是想着这下可方便了，机器人设备可以代替我们工作了，自然不可能最有效率地加以利用。应该从机器人设备进厂的那刻起，就去努力思考如何才能加以改善、如何才能配合原来的作业方式，这才是最重要的。

也许有人会提出，不引进机器人设备就无法完成改善工作。我不知道现在是否发明了比机器人设备更先进的设备，如果只是一味地强调购买设备，完全不考虑改善的方法，长此以往，整个行业就会一团糟。正确的做法应该是，先了解目前机器的利用程度，然后再去考虑有没有让旧机器更好地发挥作用的方法。这样一来，引进的新机器才能够发挥出最理想的效果。

其实，越是先进的机器，操作往往也越复杂。

日本昭和初期（1920年左右），当我还是学生的时候，那时曾经流行一种叫作Palette的照相机，这种相机的镜头很暗，快门速度也非常慢，不过售价很低，10～15日元。但同时，高档的Leica相机的市场价格却高达300日元，而使用Palette相机一样可以拍出效果很好的照片。当时还有一种Contax相机，不过它的附件很多，操作起来非常麻烦。

那时经常听到有人抱怨，说自己的Palette相机太老了，拍不出好照片，根本没有改善的必要，还不如赶快换掉。其实，连Palette相机都操作不好的人，就算买了Contax，配上长镜头、广角镜，还是不可能拍出优秀的作品。

同样道理，越是新推出来的高性能机器，操作方法就越复杂。如果真是摄影专家，能够非常熟练地使用相机，那么即使是使用 Palette 相机，一样能拿出高水平的作品。若是相机的性能更好，自然也会将水平发挥得更到位。

至于那些口口声声嚷着 Palette 不能用，只有 Contax 才行的人，即使真的用了 Contax 相机，也未必能拍出好的照片。

现在的相机，只要轻轻一按，一切尽收眼底，不仅售价便宜，而且保证效果很好。不过，可能还是会有人说，要想拍出高档次的照片，必须使用哪些配件，等等。

他们可能会说，Contax 相机什么都能拍，傻瓜相机就没那么多功能。其实，即使给这些人使用高档相机，也不好说他们能不能拍出好的作品。因此对于他们来讲，与其到处吹牛，还不如先回去练习使用傻瓜相机拍照更实际一些。

另外还有一个问题，就是所谓的改善其实有很多种形式，包括作业改善、设备改善、工序改善，等等。不过这里我说的改善可能并不全面，主要是针对作业改善的部分。

我认为首先需要进行的是作业改善，之后才依次为设备改善、工序改善，也就是说改善应该有先后顺序。

　　首先要改善作业方式，如果稍微改动一下工作方法就可以效率更高，这不是最理想的结果吗？在确定没有进一步改进的地方之后，才可以开始考虑是不是需要更换机器，引进某种高性能的机器是不是能够提高生产力、提升产品质量等问题。

　　一开始就只想着引进先进机器的人，一定缺乏改善的能力，结果也只可能是被机器牵着鼻子走。改善应该是有先后顺序的。

　　那些欠缺改善能力的人可能还会说，如果使用新机器只需要两个作业员来操作，而原来的机器则需要五人，或者说新机器只需要一个人就能工作之类的话。他们根本没把心思放在作业改善上面，只是固执地认为只有通过购买新机器才能提高效率、立竿见影，而且还会搬出一些公式的计算结果来说明一定会稳赚不赔，这种思维方式迟早会引发大的问题。

　　过去曾经有过类似的例子，在丰田汽车公司的上乡工厂以及元町工厂刚刚建成时，本部工厂曾派去许多经验丰富的人员。这些人在本部工厂时就已经是精于改善的高手，而且都接受过良好的训练，因此，在他们到达新工厂之后，虽然眼前看到的全部是最先进的机器，但他们还是能够立即投入对新机器的改善工作之中。例如，他们会和上司提出，虽然新机器有这项功能，但是如果能够修整一下就更好了。

有些新设立的工厂则喜欢招募新人，因为厂里使用的全部是新机器，所以即使是外行人也可以很快熟悉，不过，他们却只能被机器牵着走。比较之后不难发现，前一种方式的成本更低。我们必须要具有通过各种努力让现有机器性能更好的决心，如果只是在厂商的指导下照着说明书学会了操作方法，那还远远不够。

那些总是嚷着要购买新机器的人，根本就不具有改善的想法和能力，不管给他们什么新机器，仍然无法完成改善的任务。

最后是工序改善，即可以通过调整各项工序之间的顺序来提高整体的工作效率。一般说来，工序都会分成几个阶段，比如第一阶段该做什么，第二阶段该做什么，这些都需要提前确定安排好，而且，一般都把检验工作放在最后进行。可是，如果某个零件比较容易在前几道工序的时候出现问题，是不是应该考虑将检验工作提前呢？提前发现并剔除不良品，总比让它们一直往下走要好得多。这虽然是很简单的道理，可大多数工厂还是习惯把检查工作放在最后进行。

品质融于生产过程中，因此，如果能在必要的地方做好检验工作，那么就不必等到工程的最后才发现不良品，或者说到工序的最后阶段只需要重点检验某些部分即可。

同样道理，如果大部分零件需要先加工好再进行切割，或许我们也可以考虑将它们先切割好之后再加工，这种做法的效率可能会更高。如果我们能够经常这样用心地思考，就会发现，可以进一步改善的地方非常多。

如果作业员们可以边生产边检验，那当然是最理想的。比如可以先进行切割，同时找出不良品部分，将这两项工作合二为一，接下来只需要正常加工就可以了。相比之下，若是让不良品一直顺流程往下走，到工序的最后阶段才将它们检验出来，这样不是损失更大吗？

因此，所谓工序改善，并不是等待技术人员的命令，盲目地跟着执行，这样就失去了作业改善的意义。在作业改善的同时，也应该随时想着调整工序会不会更好，或是能否在进行某道工序的时候顺便进行其他工序等，这样就可以省去不少麻烦，使生产效率更高。

就改善的顺序而言，应该首先进行作业改善，也就是说作业改善最为重要；根据作业改善的结果，再去考虑能否修改设备的某些地方，使之与作业更加配合；最后，才轮到根据前面两项的改善结果，考虑能否将工序部分也做出一些调整，这样一来，就会迸发出许多改善的好点子。

如果各个部门的人都过分地强调我是专门负责工序的，我是负责设备部门的，结果造成所有人都自己做自己的，作业改善的愿望也就会越来越淡了。

和作业改善相关的一个词语是"多机作业"㊀，即一个作业员负责多台机器，这也是丰田生产方式中的一个基本理念。究竟是机器在工作，还是作业员在工作，这点必须明确地区分开。

㊀ 即日文"多台持有"，是指加工时把同类或类似的机器设备或工序进行布局，让作业员能同时进行复数作业，其中也包含着"人机分离"的概念。——审校者注

人的工作，就是必须由人进行作业才能够完成。说得极端一些，可能需要他们每天都重复同样的动作。而需要机器来进行的工作，应该在即使没有作业员看管的情况下也可以顺利完成。正是从这个想法出发，我们才提出了"多机作业"的概念。

假设车床可以自动运行，并同时完成切割的工作，这种情况下，即使旁边没有人看管，机器也不会转动得更快，相反的情形下，机器也不会偷懒。人只需要在机器上安装好待加工的零件，然后按下开关，机器就会自动地开始工作。而这段时间，不论人在旁边待多久，也不能算是工作。如果负责看管机器的人有空余的时间，就应该去操作其他机器。

就像上面所说的，人有人的工作，机器有机器的工作，必须首先将二者明确地区分清楚。由此我又想到了加工时间和加工工时，这两个概念也容易被人们混为一谈。

假设一项工作需要 5 分钟的时间，可是在这 5 分钟里，人的加工工时究竟有多少呢？拆卸零件花费 30 秒，安装新的半成品、按下按钮再需要 30 秒，剩余的 4 分钟全部是机器的作业。如果这 5 分钟的工作由一个人来负责，而且全部算作他的加工工时，这就是混淆了加工时间与加工工时的概念。实际上，正确的计算方法应该是加工时间为4分钟，人的加工工时仅为1分钟。不过，由于完成整个工作必须花费5分钟的时间，所以与其工作1分钟，另外4分钟发呆，还不如去另外一台机器前再做1分钟的工作，这样一来，一个作业员就可以负责5台机器了。

外国的劳动者习惯在安装完零件之后坐下来抽烟休息，在他们看来，丰田的做法简直是"强化劳动"。不过，日本人不会允许自己坐下来休息，因此，他们总是习惯去做一些可做可不做的事情。其实，既然已经付出了同样的体力，还不如做一些真正的工作。

加工时间与加工工时的概念，在世界各国的工厂中似乎都没有区分清楚。

大野耐一
的现场管理 | 第 32 章

可动率与稼动率

还有一对经常容易混淆的概念，就是"可动率"和"稼动率"，乍一看它们好像是近义词。

所谓可动率，正如其字面上的含义，即机器可以正常运转的比率。如果机器出现故障不能正常运转，就表示可动率不高。可动率的降低必然会导致稼动率的降低，因此，必须尽可能地提高可动率，最好能够通过努力让其达到 100%。

而所谓稼动率，就是在没有工作的时候不要让机器空转，因为没有一点效率。因此，可以说稼动率是由工作的有无，即外界因素来决定的。不过，如果机器过度运转，折旧负担就会变大，同样会给公司带来损失，因此，不应该让机器拼命运转，而去生产一些销售不出去的产品。

在谈到可动率时，还应该考虑的一项重要内容就是"保养"。养护机器，保证没有故障，这样才能够让其在需要的时候可以随时开动。不过,如果在没有工作的时候也让机器空转,这就与可动率无关了。由于在换模的时间里不可能生产产品,因此,应该尽可能地缩短换模的时间,这样就提高了机器的可动率。

稼动率则与生产现场的生产量密切相关。在必须加班的情况下,稼动率有时可能会达到120%,不过,在没有工作任务的时候,就算节约动力也好,也该尽量让机器停下来。

若是将可动率与稼动率混为一谈,就像前面提到的加工工时与加工时间不分一样,只是一心想着要提升,那么到了真正需要机器运转起来的关键时刻,就很有可能出现问题。因此,应该在机器运转正常时就做好维修保养,免得关键时刻派不上用场。若是好不容易接到了一笔大订单,可是却因为机器故障而无法完成,那么损失可就大了。

人们经常会混淆可动率与稼动率这两个概念。曾经有人说,他的公司由于稼动率不高而赔本,当我问他究竟是因为稼动率还是可动率不高时,他自己也说不清楚。通常人们都会认为,既然机器还可以运转,就应该让它动起来,白白停在那里岂不是浪费?这种想法就是因为没有把两者区分开。

现在，与纺织相关的产业很不景气，因此，大家都在努力地缩短操作时间，与鼎盛时期相比，现在的操作时间大约只是原来的一半。与此同时，却以产业结构不合理为由，报废了许多可以继续使用的机器。我非常反对这种做法，因为机器还没有旧到不能使用的地步，关键时刻仍然可以派上用场，这时就应该用作内部保留。可是，人们反而加以破坏，希望能够从政府拿到补助金，用拿来的补助金去采购最先进的织机，全自动功能再加上24小时生产，结果还是难免生产过剩，可是他们自己却全然不知，还美其名曰"推陈出新"。

在经济高速增长的时期确实如此，与其让旧机器慢吞吞地工作，还不如将它们报废，引进最先进的机型。不过，即使在景气的时期，那些经营状况不好的行业也很难拿到报废旧机器的相关补助，因此，最好的方法还是努力降低成本，提高生产率以及国际竞争力。

当时的丰田纺织公司已经预见到，如果不将生产成本降低到发展中国家的水平，企业就没有生存的空间。因此，若是无法做到成本更低就只能停产。规模较大的纺织厂都已经感觉到了这种威胁，想必有许多小企业已经破产倒闭。如果大厂减少了一半，其他的工厂或许还能够继续经营，可是，如果继续经营的结果仍然是生产成本高于发展中国家，那么还是不具有国际竞争力。但是，如果依靠引进全自动机器三班运转方法，即使提高了5倍的生产率，结果还是会造成生产过剩，又要降低产量了。

总而言之，针对既定的需求数量，努力地追求最低成本才是企业的生存之道。

当时丰田纺织公司的做法就是不添购任何新机器，决心将原有的机器改造，让它们达到与尖端机器同样的工作效率，这样才可以保证不会被挤出纺织行业。

可是，只要外汇汇率稍有变化，在降低成本上做出的努力就会付诸东流。正因为这点，纺织业的经营可说是举步维艰。

此外，若是碰巧遇上调薪，一调就是8%～9%，这么大的数字要想依靠提高生产率来填补非常困难。我们都知道生产率基本原理，不过，一谈到生产率，通常还是只会想到直接生产部分。现代企业随着自动化的发展，间接生产部分已经超出了直接生产部分。因此，如果只依靠极少数作业员提高的 10% 的生产率，一并去提高那些没有直接参与生产的人的工资，是非常不科学的做法。工资调节标准应该根据对生产率的贡献程度来确定，这样一来，无论作业员还是间接部门的职员都不会感到不合理。这中间其实隐藏着一个很大的陷阱，许多高层主管们都认为，所谓生产率，以纺织行业为例，只要直接参与纺纱生产的作业员们能够提高 10% 就很理想了。不仅是纺织行业，任何企业都存在这个问题。事实上，要求全体人员都提高 10% 的生产率是不可能的，生产一线的作业员们想提高 10% 都非常困难，更何况是间接生产部门里成千上万的作业员。

第33章 大野耐一的现场管理

生产技术与制造技术的差异

如果比较生产技术与制造技术两个词，所谓制造技术是关于制造方法的技术，而生产技术则是关于怎样去实现制造技术，我们必须把二者区分开。

俗话说："傻子与钝剪刀，看你会不会用。"[⊖]如何使用剪刀裁剪布料，这就是制造技术。什么样的材料使用什么剪刀，这是生产技术。例如，裁剪绸缎与修剪树枝时就应该使用不同的专用剪刀。针对不同生产对象的材料使用不同的工具，这是生产技术的研究范围。不过，若是没有制造技术，即使工具拿在手中也无法使用。

例如专门剪裁铁板的钣金剪刀，外行人拿在手里也无法工作，可是行家一来，别说是铁板，甚至薄薄的纸片都剪得非常顺手，其他人只能自愧不如。

⊖ 日本的俗语，意思是如果使用得法，两样都能够发挥作用。——译者注

正如我在前面提到的照相机的例子，即使有非常高级的相机在手，也未必能拍出好的作品，因此，必须好好学习使用方法。关于生产技术与制造技术，就像前面所说的稼动率与及时加工工时一样，经常被人们混为一谈。

计算机普及之后，经常可以听到"软件"和"硬件"两个词，其实我们也应该认真思考一下生产与制造的差异。在我们掌握了制造技术之后，改善就一定会源源不断地进行下去。

之前，制造技术常常被我们称为现场技术。

30年前我第一次到美国工厂参观时，就是由他们的工厂工程师为我作讲解。虽然名片上的头衔是"general plant engineer"，不过，他对现场可谓是了如指掌。遇到不是非常清楚的问题，他就会立即去问现场的管理人员，他们之间的配合非常默契。那次回国之后，我最大的感受就是公司里面不能够缺少这样的技术人员。

在日本，plant engineer（工厂技术）一般被解释为现场技术，最近又出现了plant engineering一词，它与现场技术的含义似乎不太一样。

在日本，plant engineering 包含了 layout engineering（设计技术）的意思，其实应该多强调现场技术更好。

曾经有一家公司的人对我说，丰田汽车公司若是拥有优秀的制造技术人才就好了。那时我正在负责组装工厂的工作，他说我们工厂里出色的生产技术人才很多，可是制造技术人才却几乎没有。他所说的制造技术就是指我们的现场技术，从那时起我们才开始使用制造技术的说法。

因此，我们将制造技术解释为 plant engineering。

很多时候，生产技术人员极其容易与生产现场脱离。

艺术界里有可以用剪刀剪纸的艺人，事实上他们就已经脱离了剪刀这个行业。在剪刀界，不只是研究能够剪纸的剪刀，裁缝使用的剪刀也非常重要，因为如果裁剪布料必须使用这种剪刀不可。从前很有可能是万能剪刀，什么都可以裁剪。后来经过不断地研究，才出现了各种用途的手握式剪刀、指甲刀，等等。

我曾经对丰田汽车公司生产技术部门的人说过，你们只能算得上是商品目录工程师，这让他们很不高兴。因为他们只不过是看着商品的使用说明，就评价某台机器的性能很好，可以提高生产效率，所以应该购买。我总是对他们说，难道你们不能自己开发机器吗？

因此，从一个企业的整体来说，制造技术和生产技术密不可分。

当开发新产品时，生产技术工程师们应该负责的是选用何种材料，使用何种设备，怎样设计工序，仅此而已。至于接下来的工序改善、设备改善，就应该由制造技术工程师们来研究推进。

这点其实非常重要，不过，不明白的人终究也是不能够明白。

第34章 大野耐一的现场管理

成本计算的陷阱

管理者们在做出决策之前,经常会进行所谓的成本核算。虽然成本核算本身不会出现错误,可是,核算的结果却可能导致经营者们做出错误的决定。例如根据成本核算的结果,经营者认为这台机器很划算,一定能够为公司带来利润,所以必须购买,可是,等机器实际买来之后,才发现机器生产10 000件才能盈利,可是订单却只有5000,这样就无法盈利,结果只能是亏本。如果把成本核算作为前提条件,那么至少应该确定一些数字,比如购买这台机器之后是马上就能获利还是要等到两年之后,等等。即使这样,万一遇上销售的情况不如预期的好,还是会增加很多成本。特别是非常希望得到这台机器的时候,他们还很有可能会故意做出一些盈利的数据。

下属们可能会在事后说一些抱歉、我们的需求预测没有做好等辞令,不过损失方面就没有人站出来负责了。

另外，还有一种情况就是设备投资的结果无法预测，必须要等到最后才能知道，这时也往往会使用成本核算的方法，引入折旧率的概念。比如设定机器的使用寿命为10年，就把成本分摊在10年之中，折旧期到了之后就立即停用旧的机器，要求再购买新的机器，而且对上面说旧机器用作内部保留，可是当新的机器买来之后，下属们就会说折旧期已经到了，不如报废，结果就根本没有所谓的内部保留。

在获利的公司或者规模很大的公司里，它们的生产技术人员经常会说某些机器已经过了折旧期，既然破旧老化，倒不如购买新的机器更能提高效率，而且还会产生用了内部保留的资金来购买的错觉。

内部保留的真正含义应该是从今开始这台机器可以免费使用，不过会计们总是无法理解这点。他们不理解折旧期已过，现在是稳赚不赔的道理。如果是在经济高速增长的时期，在成本折旧的范围内增加设备投资一点问题都没有，不过，现在的情况是汽车业生产过剩，若是还用这样的观念来思考问题，那么就会出现大麻烦。既然折旧期已经过了，就表示不需要再计入成本，因此如果继续投入生产，必然利润更高。不过，管理者们总是认为旧的机器需要缴税，不如换成新的更划算。

一般的设备都不是专用机，而是所谓的多用型专用机或者叫多用型自动机，即使产品的模型改变了，将机器稍做改动仍可继续使用。因此，一般的机器只要过了折旧期，就会立即变成保证盈利的工具。

所谓的多用型专用机常常会让设计师们大伤脑筋，因为很难达到理想的效果。不过，最近经常可以在报纸的广告栏中发现这个词，似乎已经有厂家研制成功。

在第一次石油危机爆发不久，我就开始要求供应商们研制生产多用型专用机。

在汽车行业里，还有车体生产厂家设备投资费的一半以上都用在了模具制作上，丰田汽车公司以及我们的供应商们在这方面的资金甚至达到了60%。

第35章 "豆沙馅饼"方式

模具一般都不具有多用性,现在使用这种,可是随后就必须全部报废,更换新的,这点在冲压模具方面表现最为明显。

就汽车制造而言,若是车型改变了,供应商们就需要更换上百种模具。虽然这些模具可以通过成本核算得到一些补偿,可是由于无法继续使用,在资金方面还是会感到痛心。为什么不努力去想想改变冲压模具,让其达到多用的目的呢?

就像古代豆沙馅饼的制作方法一样,由于豆沙馅饼的皮不容易变质,因此可以在空闲的时候事先做好,如果明天哪里有运动会,需要的数量很多,今晚只要多煮一些豆沙馅,等豆馅煮好后加到里面即可。

也有些人比较懒散,闲着的时候什么也不做,还抱怨待着无聊,在突然得到消息说明天有庙会的时候,才手忙脚乱地又做皮又煮馅,最后很有可能来不及参加。

在冲压模具制作的过程中也应该引入外壳的概念。把中间掏空，就像等着加入豆沙馅一样等待不同的模具，这样一定会将生产效率提高许多，事实上，已经有很多公司开始这么做了。

不过，现在的模具还是一体化的居多，如果能够将外壳分为大、中、小三种，并且事先将它们的中间部分掏空，再根据不同的产品加工指示随时加入不同的模具芯，那么成本就可以大大降低。不过，要完全实现这点很不容易，可能需要 5～10 年的时间。

有人提议可以把传统的豆沙馅饼改成豆沙卷，事先将豆沙馅煮好，等客人来买的时候才将面粉洒在铁板上做成皮，再将豆沙馅放进去。但这种方法行不通，因为豆沙馅比较容易腐烂，而且价格又高，万一做好了之后没有卖出去损失可就大了。

在制作新的模具时，总是会感到时间很紧。其实完全可以事先将外壳做好，等到有订单的时候，只制作中间部分就可以了，像加入豆沙馅一样。不过，即使只制作中间部分，也需要很长的时间。

因此，让模具外壳具有多用性，只是中间部分专用并且可以调换，这样一来在模具方面的设备投资就可以大大降低，而且时间也可以缩短很多。

如果将模具外壳做得再大一些，那么，在零件的规格变大时仍然可以使用，而如果当初只针对专门用途做得很小，零件稍稍变化一下就不能再用了。多用性的概念其实非常重要，将这个概念不断地推进、发展，这就是丰田生产方式。

人、物资、资金是企业经营的三大要素，如果企业无法创造价值，也就无法承担相应的社会责任。企业为了创造价值、获得利润，首先可以通过销售商品，即通过销售来盈利；另外，还可以通过有效的资金使用方式，这也能够为企业带来经济效益；此外再有一种方法就是降低成本。

能够依靠销售获利，这是最令人高兴的，因为无论成本是否降低，提高销售价格都可以使公司的利润上升。

因此，如果公司的管理高层是销售高手还好，他能够不断地提高公司的利润，生产也会感到轻松。不过，迟早会有销路不畅的一天，资金周转也会随之变得紧张，等到那时再突然要求降低成本，就很困难了。因此，还是应该在平时就注意降低生产成本的方法。这是技术工程师以及现场所有人的最重要的任务。

如果有人问我，为什么要拼命减少库存、降低成本，我会告诉他，是为了让资金周转更加轻松。

举个例子，如果减少了5亿日元的库存，将这5亿日元放进财务的保险柜里，那么会有什么结果呢？财务若是能够灵活运用这笔资金，将其投资在有价证券之类的金融商品上，就可能为公司增加几个百分比的利润。反之，如果这笔资金仍以半成品的形式堆放在生产现场，那么在必要时还需要从外部调动资金，因为既要付原材料费给供应商，又必须向电力公司支付电费，对比之后就会发现差异很大。

因此，如果经营得当，就能够增加公司的利润；但是，如果财务状况到了必须向银行贷款并且需要支付利息的地步，股东的利益就必定会受到损失了。因此，如果将生产现场指挥调度好，完全可以实现库存的减少，并且可以把富余的资金入库，这一加一减之间的差异，可能会使公司的利润翻倍。如果公司的获利增加了，纳税额也会随之增加，对国家的贡献也就更大了。

然而，只要提到降低成本，大家就会觉得这是财务人员的责任，其实不然，财务人员根本无法促使成本降低，这只能通过集体的努力去实现。

第 36 章 | 大野耐一的现场管理

降低成本唯有依靠生产现场

我曾经对人事经理说，如果生产现场提出需要100名作业员，你们只雇用10名就好了，这样一来，他们就会想方设法来应对工作任务，虽然之后可能会有人哭丧着脸过来说，人手真的不够用，但他们却已经完成了工作，而且至少又在人员方面减少了90%的成本。

财务方面也是一样，假设生产现场完成了库存缩减，而这笔资金也已经入库，如果能够加以妥善运用，就可以为公司带来几个百分比的利润。这样一来，财务人员也就参与到了降低成本的队伍中，工作分配的任务也可以在其指导下进行。例如，财务人员可以提出，如果不按照他们的要求做公司就会亏损，所以生产部门必须降低百分之几的成本，而设计部门又必须分担多少，等等。不过，最重要的还是现场工作人员的配合。

因此，所谓的降低成本，唯有依靠生产现场来进行，现场的降低成本的意识要做到比鬼还要精才行啊。

很多人都容易局限在成本知识的陷阱里，反而缺乏最重要的成本意识。我认为其实根本不需要所谓的成本知识，甚至连相关的术语都不用考虑。

利用成本知识计算后，可能会得到一些成本增加或是减少的结果，可是，只要具有成本意识的人都会知道，这只是一种计算结果而已。如果在设备投资时都搬出公式来计算，得出一些稳赚不赔或是更加划算的结论，其实是再愚蠢不过的做法了。

谈到合理化的效果，如果说每个月必须达到多少百分比，以及应该如何设法达到等，这其实只是计算公式而已，因为不可能这么轻易地做到。遇到需要增产的机会，如果在没有增加机器以及人员的条件下就实现了，这时才算是实现了合理化。因此，如果能够坚持日积月累的改善，有朝一日一定会达到合理化的效果。尽管如此，还是有人放弃改善的方法，添置机器或是引进机器人设备，而且并不见得能够立即派上用场，因此，还是应该重视平时的努力。

战后初期到1972年左右这段时间，不论生产多少都能够销售一空，这时最容易体现出合理化的效果。不必增加人员和设备就能完成任务，机器的稼动率也很高，成本自然十分便宜，因此可以说合理化的效果非常突出。

在经济发展不那么迅速的时期，想做好事情就必须要忍耐。不要期望改善一定会有效果、精算一定准确，或是急着决定这个月甚至下个月的生产计划。这种忍耐的确会让人感到苦恼。最近，在运动界也经常可以看到"忍耐"这个词，高尔夫选手青木先生就是个懂得忍耐的人。一旦大家在技能方面差距不大时，最后能够获胜的法宝就只剩下忍耐。

当竞技水平差距较大时，经常可以听到"鹤立鸡群""一马当先"等词语，当彼此的水平拉近后，成功与否的关键就在于懂不懂得忍耐。

尽管经常忍耐，青木先生仍然有时难逃失败，不过，若是当时他求胜心切，那么可能早就被淘汰出局了。

如果美国通用汽车公司、福特汽车公司的作业员们懂得忍耐，愿意接受降薪，那么必然成为丰田的劲敌。即使在今天的日本，只要稍稍提及降薪，马上就会引发大的问题。

工作时的基本原则之一就是要"遵守既定的事"，

不论是否引入看板方式，不论从事什么工种都是一样。不过，对于既定的事，大家往往很难遵守，虽然说来容易，可实际生活中就是做不到。为什么无法遵守既定的事呢？

对于"既定"一词，在年轻人听来似乎会感到有些奇怪，他们会认为这只不过是上司的决定而已。可是，为什么不将它变成自己的决定呢？这就是改善。因此，首先需要做到的就是遵守现有的规定，通过这些规定来分清什么是好，什么是坏。另外，在无法遵守既定的规范时，若是能够找出其中的原因，就更进一步地达到了改善的目的。

因此，如果看板方式无法按照既定的规则来进行，一定是看板方式本身出现了问题。这时，就应该领导大家集思广益，提出改善的意见，并立即采用。这样一来，虽说是规定，但实际上已经变成了自己的决定。

有些人一听到决定，就认为是上司发布的命令，这是不对的。生产现场发生过很多这种现象，比如有新人提出改善的意见，上司们就认为他们太张扬，根本不予理睬。

花费一番心思思考、讨论，对既定的做法加以修改，这就是改善。但也有越改越差的情况，我把它叫作"改恶"。一旦"改恶"，立即改正回来就好了，不必深究。若是不仅仅恢复原状，能够做得更加完善就最理想了。

尽管有所谓的标准作业，但必须时时刻刻加以改进才行，最怕有些人将所谓的标准当成是最佳的工作方法，其实标准只不过是为了达到改善目标的一个基准而已。比现在的情况更糟便是改恶，比现在的情况更好就是改善。因此，所谓标准只是一个暂时的决定，必须加以进一步的修改才行。

在要求一个人起草标准作业方案时，如果他拼命地思考最佳方案，结果一定是什么都拿不出来，这真是大错特错，其实只要将现状记录下来就行了。如果遇到更好的方法再加以改善，否则让大家都认为这已经是最佳的方案，那么就失去改善的动力。因此，故意制定一些有问题的标准方案，也是激发大家追求改善的一种手段，当然不能做得太离谱。如果没有标准，就会缺乏一个衡量作业员们工作好坏的尺度，因此必须首先拿出一套标准，再以此为基础，让大家多多提出改善的好意见。

再回到"遵守既定的事",一提到"既定",就会有人认为是"他人的决定",随即产生一种被迫的感觉。其实既定并没有规定由谁决定,每个人都有决定的权力,自己决定的规则自己遵守,就不会再有被迫的感觉。

因此,在工作开始时可以先草拟一套标准,工作的过程中一定会发现问题,自然也就会提出改善的方案,到时候立刻采用就可以了。

从前,公司要求标准作业书必须挂在生产现场,不过,如果我看到有人在一年之后,在纸张都变黄时还是墨守原来的规定毫不改变,我就会批评他说:"你白拿了公司一年的薪水,每天到底来这儿干什么!"其实,应该每天观察各种情况,觉得哪里不好,就随时在标准作业书上做出修订。总是挂着旧的标准作业书怎么行呢?早期的丰田汽车公司不仅要求挂着标准作业书,而且还要求标明日期。如果发现没有进展,就会被组长大骂"这个月都在干什么!"。

另外,如果做出花一两个月的时间制定标准作业书的傻事也会受到我的批评,作业书不是躺在床上完成的,它必须是在生产现场边观察边写的。

第37章 | 大野耐一的现场管理

应以最短时间为标准时间

提到"标准",很多人对"时间研究"也有误解。如果一项工作规定做10次就做10次,然后取其平均值,我认为这并不是最优的选择。在这10次中,每一次都有错误出现,为什么我们不能马上注意到呢?这时,他可能会说:"我不知道呀,我只是看着表做好记录而已。"因此,如果只是草草地做了10次,就把其平均值作为标准时间,这种做法是不科学的。应该取10次之中最短的一个时间作为标准。也许有人会说我太苛刻了,这有什么苛刻呢?之所以使用的时间最短,是因为采用了最正确的工作方法。

即使同一项工作做10次,每次都采用相同的方法,时间上也一定会有差异。其中时间最短的一次,一定是因为采用了最恰当的做法。可是,其他9次为什么会花费更多的时间?即使是短短的几秒,我们也需要经过分析找出它的原因。工作没有顺利地进行，一定是因为操作不当耽搁了时间。因此我说，如果要制定标准时间，用"平均时间"来做不是最好的方法。

有一次，作业员们在作业的时候总是将螺钉帽碰掉，需要捡起来之后再继续，不过由于这个过程花费了时间，所以要求他们在掉落的半途中就将螺钉帽接住，结果作业员们都反映太难了，做不到。其实，此时应该考虑的问题是为什么螺钉帽总是会被碰掉，有没有让其更加牢固的方法，这样才能缩短作业时间，而且实践起来最轻松。他们还应该考虑这种失误是不是因为作业员的工作量过大而导致的，有没有必要减少工作量等。

有人提出在设定标准时间的时候应该考虑生理现象，多少要留出一些富裕时间，但是我认为这点可以忽视为零。这也曾被作业员们当成实际测试中出现差异的原因。讲出一些歪理，让我在标准时间的基础上再增加富裕时间，这正是管理者们过于精明的地方。难道在上厕所的时间里会让生产线停止吗？想去就让他们去，在去厕所的时候，组长可以代替他们的工作。在想出去吸烟的时候，也可以对组长说，拜托了。即使今天可能因为感冒，去厕所比较频繁，也总比让他在家休息好得多，一上午去三四次其实无所谓。

在这个问题上，也有人提出平均的概念，规定两个小时左右可以去一次厕所。这样一来，即使身体状况不好，也要等到两个小时才能去一次；而且有些时候，可能还不想也必须去。所以我说，把上厕所的时间增加到标准时间之上是非常不合理的。

大家都认为应该用平均的方法来思考问题，在此我想说，世界上根本就不存在所谓的平均。

以前就曾经有过一个很愚蠢的例子，工程师们到工厂去测量加工的作业时间，他们一直站在作业员身后，结果作业员们知道是在测量时间，就故意一个劲儿地磨钻头，因为他们知道，负责测量的人根本不懂磨钻头的事，拿他们无可奈何。

还曾经有人去测量过木工的作业时间，结果也一样，回来之后抱怨木工们总是在磨刨刀，磨了一次又一次，根本无法测量时间。其实，让这些外行人去测量时间，没有一点意义。

因此，我们所说的"标准"应该在尽可能地多操作几次之后，取其中时间最短的一次。然后，找出其他几次花费时间更多的原因。最后，让所有人都能够用最短的时间做出最好的工作，这才是问题的关键。

推荐阅读

金矿：精益管理 挖掘利润（珍藏版）

作者：[法] 弗雷迪·伯乐 迈克·伯乐 ISBN：978-7-111-51070-3

本书最值得称道之处是采用了小说的形式，让人读来非常轻松有趣，以至书中提及的操作方法，使人读后忍不住想动手一试

《金矿》描述一家濒临破产的企业如何转亏为盈。这家企业既拥有技术优势，又拥有市场优势，但它却陷入了财务困境。危难之际，经验丰富的精益专家帮助企业建立起一套有竞争力的生产运作系统，通过不断地改善，消除浪费，大幅度提高了生产效率和质量，库存很快转变为流动资金。

金矿Ⅱ：精益管理者的成长（珍藏版）

作者：[法] 迈克·伯乐 弗雷迪·伯乐 ISBN：978-7-111-51073-4

在这本《金矿》续集中，作者用一个生动的故事阐述精益实践中最具挑战的一项工作：如何让管理层和团队一起学习，不断进步

本书以小说形式讲述主人公从"追求短期效益、注重精益工具应用"到逐渐明白"精益是学习改善，不断进步"的故事。与前一本书相比，本书更侧重于人的问题，体会公司总裁、工厂经理、班组长、操作员工以及公司里各个不同层级与部门的人们，在公司通过实施精益变革进行自救的过程中，在传统与精益的两种不同管理方式下，经受的煎熬与成长。这个过程教育读者，精益远不止是一些方法、工具的应用，更是观念和管理方式的彻底转变。

金矿Ⅲ：精益领导者的软实力

作者：[法] 迈克·伯乐 弗雷迪·伯乐 ISBN：978-7-111-50340-8

本书揭示了如何持续精益的秘密：那就是培养员工执行精益工具和方法，并在这个过程中打造企业的可持续竞争优势——持续改善的企业文化

今天，越来越多的企业已经开始认识并努力地实施精益，这几乎成为一种趋势。不过大多数实践者只看到它严格关注流程以及制造高质量产品和服务的硬实力，少有人理解到精益的软实力。本书如同一场及时雨，为我们带来了精辟的解说。